Gabriela Lürßen

BROT MIT STINKKÄSE

Humorvolles und Nachdenkliches
für die Kopfregion

© 2018 Gabriela Lürßen
Umschlag, Illustration: Gabriela Lürßen
Lektorat, Korrektorat: Ursula Wenke

Verlag und Druck:
tredition GmbH
Halenreie 40-44
22359 Hamburg

ISBN
Paperback   978-3-7469-9220-4
Hardcover   978-3-7469-9221-1
E-Book   978-3-7469-9222-8

Inhalt

Einleitung 7

Dekorationsartikelgeschäft.........................9

Diskretes Posting 19

Kamera läuft..34

Modernes Fallgut 42

Der Flipflops-Flop 53

Heiß, heißer und Punkt 63

Dominoeffekt 71

Ansichtssache 79

Steingarten 100

Wunderbare Nachbarschaft 114

Schulische Gleichung 127

Futterluke 136

Ich hab' euch lieb......................................150

Lecker Latte 163

Nicht schon wieder 170

Immer mehr ans Meer 180

Ich will Winter...193

Der Umzug 203

Herrliche Einkaufserlebnisse 214

Fertig geträumt 227

Einleitung

„Das kann doch wohl nicht wahr sein."

Wenn Sie diesen Ausspruch in letzter Zeit mal getätigt haben, dann könnten die Geschichten in diesem Buch Sie möglicherweise interessieren. Aber lesen Sie ruhig erst einmal weiter.

„Aber früher hätte man das in dieser Situation nicht so gemacht."

Na, ertappt? Haben Sie sich wiedererkannt? Und mussten Sie dabei vielleicht schmunzeln?

Dann werden Sie wahrscheinlich bei der einen oder anderen Geschichte aus diesem Buch mit Ihrem Kopf nicken, laut lachen oder sagen: „Genauso war das gestern bei mir auch." Und vielleicht noch ein „Siehste" ausstoßen.

Und weiter geht es mit …

„Ich glaub' das alles nicht. Es ist so weit, ich werde alt!"

Und wenn Ihnen dieser dritte Ausspruch auch noch bekannt vorkommt, keine Sorge, Sie sind noch nicht alt. Ihnen geht es dann nur genauso wie Erika, ihrer Familie und ihren Freunden, also den Autoren der Geschichten in diesem Buch.

Sie stehen wahrscheinlich wie Erika & Co. mitten im Leben, finden aber, dass einiges plötzlich so anders ist. Oder wie erklären Sie es sich, dass man heutzutage im Restaurant eine Gabel zur Suppe gereicht bekommt? Oder dass Margarine heute in den Supermärkten „eingeschlossen" wird?

Erika & Co. haben ihre Beobachtungen und Erlebnisse mit viel trockenem Humor und Augenzwinkern sowie einer Dosis Nachdenklichkeit und einer großen Portion Selbstironie aufgeschrieben.

Spritzige Dialoge werden Sie vielleicht an Ihre eigenen Gespräche erinnern und schmunzeln lassen. Die eine oder andere unerwartete Wendung in den Geschichten wird Sie möglicherweise überraschen. So ist das Leben …

Und jetzt geht's los!

Dekorationsartikelgeschäft

Friedrich und ich waren beide Ende sechzig und wirklich noch ganz gut drauf für dieses Alter. Das lag wahrscheinlich daran, dass wir viel zu Fuß und mit offenen, interessierten Augen und Ohren unterwegs waren. Und zu Fuß wollten Friedrich und ich auch heute los.

„Friedrich, die Schuhe willst du nicht wirklich anziehen?", sagte ich mit einem leicht fragenden Unterton, als mein Mann sich die alten braunen Slipper anzog.

„Wieso? Ich kann darin gut laufen", antwortete er mit dieser unschuldigen Stimme, die mich in den Wahnsinn treiben konnte.

„Du willst doch zum Arzt. Der denkt ja, dass du dir keine ordentlichen Schuhe leisten kannst."

„Erstens kann man doch nicht alles wegwerfen, was nicht mehr top aussieht, zweitens bin ich ein armer Rentner und drittens ein Mann und somit sind Schuhe nicht mein Lebensmittelpunkt. Oder in kurz, Erika: Ich bin schuhtickfrei."

„Stimmt, du sollst auch nicht alles gleich wegwerfen. Aber wenn du zum Arzt gehst, kannst du schon ein wenig gepflegter auftreten, auch als Mann und armer Rentner. Der Arzt und seine Mitarbeiter sollen sich ja nicht vor ihren Patienten ekeln."

„Ich finde, du übertreibst, Liebling. Ein Arzt darf sich doch gar nicht vor Patienten ekeln. Er muss doch in jeder Situation behandeln. Aber gut, ich ziehe meine neuen Schuhe an. Zufrieden?"

„Natürlich. Aber warum nicht gleich so?"

„Hast du die eigentlich geputzt?"

„Du hast mich lieb, wolltest du sagen – stimmt's, Friedrich? Lass uns gehen."

Wir gingen ins Zentrum unseres Stadtteils. Hier gab es ein paar Geschäfte, so wie überall. Oder sollte ich lieber sagen, so wie es früher häufig in den Stadtteilen war. Hier gab es noch einen relativ guten Angebotsmix aus zwei Friseuren, einem Blumengeschäft und einem Fischladen. Ach ja, und wir hatten einen Obst- und Gemüseladen, was gar nicht mehr so oft vorkam. Vier Bäcker und Konditoreien gab es auch noch. Einen Discounter und zwei Supermärkte für den täglichen Einkauf konnten wir ebenfalls zu Fuß erreichen. Und natürlich hatten wir hier auch was für die Hand- und Fußpflege samt Lackierung.

Was mich zu dieser Geschichte veranlasste, war der Dekoshop. Ein Geschäft, in dem es nur Dekorationsartikel gab. So was wie Porzellankännchen mit Pünktchenmuster und „Welcome-Schilder" für die Haustür. Das würden wir uns nie an die Tür hängen. So freundlich waren wir dann auch wieder nicht zu den Einbrechern.

In diesem Laden, den es seit ungefähr drei Jahren gab, sahen wir noch nie richtig viele Kunden. Wir verstanden auch nicht, wer sich solche bunten Teile, die doch fast alle sehr kitschig wirkten, in die Wohnung stellte. Unser Stil und Geschmack war das nicht.

Friedrich sagte mal ganz trocken zu mir, dass die auch Staubtücher mit verkaufen sollten. Ich war in diesem Moment mächtig stolz auf meinen Friedrich. Er kannte das Wort Staubtücher. Woher nur? Hatte er vielleicht heimlich mal eins angefasst? Durch diese Äußerung ergaben sich ganz neue Perspektiven bei der Hausarbeit und meiner Freizeitgestaltung. Ich würde zu gegebenem Anlass darauf zurückkommen.

Bei unserem Spaziergang vor drei Wochen klebte dann plötzlich ein riesiges Schild im Schaufenster.

„Du, Erika, schau mal. Da ist alles um 50 Prozent reduziert. Willst du da nicht mal reingehen?", fragte mich Friedrich mit ernster Stimme.

„Ich?", antwortete ich in einem leicht gereizten und eine Oktave höheren Ton.

„Ja, du. Wer sonst?", war Friedrichs Antwort.

Ich schaute Friedrich ziemlich verwundert und mehr als überrascht an.

„Wie kommst du denn auf diese Idee?", fragte ich ihn und betonte das Wort *diese* dabei besonders.

„Ihr Frauen findet so was doch gut – oder?"

„Hörst du mir eigentlich auch manchmal zu? Wie oft haben wir schon beim Spazierengehen über diesen Laden geredet und gelästert? Hast du das vergessen?"

„Wirklich? Wann haben wir darüber geredet?"

Bei seiner Antwort schaute er mich so besonders an. Mit diesem Blick hatte er mich schon vor Jahren angesehen. Damals hatte ich mich in ihn verliebt. Und bis heute konnte ich diesem Mann einfach nicht böse sein, auch wenn ich befürchten musste, dass sein Gehirn mittlerweile so große Löcher aufwies wie ein Schweizer Käse.

Ich hatte also verstanden, dass ich mit Friedrich nicht weiter über das Räumungsverkaufsphänomen sprechen konnte. Es war doch aber schon komisch, dass viele Menschen in einen Kaufrausch oder in einen „Nur-mal-gucken-Zwang" verfielen, wenn das Schild „Reduzierung" oder Ähnliches zu sehen war. Sonst sagten immer alle, sie wären so im Stress, aber zum Gucken in solchen Geschäften, dazu hatten sie dann wieder Zeit. Ja, ich verallgemeinere jetzt wieder, aber das ist nur mein ganz persönliches Empfinden. Oder vielleicht entsteht Stress auch erst, weil man sich immer ablenken lässt. Ich müsste dazu mal Christian, unseren Sohn, fragen, der hatte nämlich letztens ein Anti-Stress-Seminar in seinem Unternehmen.

Aber jetzt weiter zu dem Geschäft. Ich hatte die Sachen aus diesem Geschäft nicht gebraucht, als sie noch den vollen Preis hatten. Und ich brauchte sie auch nicht als reduzierte Ware.

Woher wussten denn die Kunden, dass die Ware vorher teurer war? Da waren doch immer kaum Leute im Geschäft. Also, dass da immer noch so viele darauf reinfallen. Erst verkauft der Einzelhändler die Ware zu einem viel zu hohen Preis und dann reduziert er um 50 Prozent. Und am Ende hat er dann immer noch einen Gewinn. Die Fachleute widersprechen mir jetzt vielleicht. Aber jedes Vorurteil beinhaltet wahrscheinlich auch immer ein wenig Wahrheit. Das war zumindest meine langjährige Erfahrung. Und so ein wenig Ahnung hatte ich schon, denn früher hatte ich selbst mal im Einzelhandel gearbeitet. Wir hatten damals mit den Preisen, ich will mal sagen „jongliert".

Friedrich sagte immer zu mir, ich sähe das alles zu negativ. Mag sein. Aber durch mein betriebswirtschaftliches Denken, Planen und Einkaufen hatten wir uns in den Jahren einen guten Lebensstandard eingerichtet.

„Lass uns weitergehen, Friedrich."

„Erika, du kannst ja nächste Woche noch mal zu dem Laden gehen. Dann ist wahrscheinlich alles um 75 Prozent reduziert."

Meinte er das jetzt ernst oder wollte er mich nur ärgern? Vielleicht sollte ich mein Hörgerät ausstellen. Genau, das war die Lösung!

Und tatsächlich, vorgestern sahen wir bei unserem Besorgungsgang, dass in dem Schaufenster ein neues Schild klebte.

„Nochmals reduziert – jetzt 75 Prozent Rabatt auf alles" stand da drauf. Woher hatte Friedrich das gewusst?

Ich schaute in den Laden. Er war schon ganz schön geplündert. Und er war gut besucht. Es waren hauptsächlich Frauen zu sehen, aber auch ein paar vereinzelte Männer schienen sich in den Laden verirrt zu haben.

Friedrich würde nie in so ein Geschäft gehen. Na ja, vielleicht waren die Männer, die sich in diesem Geschäft aufhielten, auch erpresst worden oder das waren ganz arme, unterdrückte Ja-Sager. So gesehen, taten sie mir schon fast leid. Nicht jeder Mann war so standhaft wie mein Friedrich. Ich war in dieser Beziehung wirklich stolz auf ihn.

Als ich heute unterwegs war, musste ich noch kurz über das Geschäft nachdenken. Aber wirklich nur kurz. Mehr Zeit hatte ich nicht, denn bis zum Discounter waren es nur noch wenige Schritte. Ich musste schnell noch etwas einkaufen, denn ich wollte mich gleich wieder mit Friedrich treffen, er wollte ja, wie vorhin erzählt, nur kurz zum Arzt, um ein Rezept abzuholen.

Mein Einkauf ging unerwartet schnell. Der Kassierer war aber auch richtig fix. Hatte der flinke Finger. Die waren ja fast schneller als ich mit meiner Stricknadel.

Mit meinem Leinenbeutel stand ich nun am vereinbarten Ort und wartete auf meinen Mann. Und schon sah ich ihn um die Ecke kommen. In der Hand hielt er eine Tasche. Wahrscheinlich waren darin die Medikamente. Er sah mich und strahlte mich an. Er war schon mein Traummann. Auch wenn er jetzt schon so ein bisschen schrumpelig war im Gesicht und anderswo. Aber das gehört nicht hierher.

„Was hast du denn alles in der Tasche?", fragte ich neugierig.

„Ja, guck mal. Die bunten Taschentücher hat mir die freundliche Apothekerin geschenkt. Ist doch nett, oder?"

„Ja, sehr nett", antwortete ich und schaute dabei in seine Tasche. „Friedrich, was ist das?"

„Was meinst du, Liebling?", fragte er ganz unschuldig.

„Das da unter den Taschentüchern und den Medikamenten?"

„Ach das, das habe ich im Schaufenster von dem Dekoshop gesehen. Das ist ein Taschentuchhalter. Total praktisch, sagte die Verkäuferin, als sie vor der Tür gerade eine Zigarette rauchte und ich so in das Schaufenster blickte. Man hat sofort ein Taschentuch griffbereit, wenn man es braucht. Ist doch klasse, dass es so was gibt, nicht wahr, Erika?"

„Ich … ich bin fassungslos!"

„Und weiß du, was der gekostet hat?"

„Will ich gar nicht wissen."

„9,75 Euro. Ein Schnäppchen. Die Verkäuferin sagte, dass das echte Handarbeit wäre."

„Ich denke mal, oder besser gesagt, ich hoffe für dich, du meinst 9,75 Euro minus 75 Prozent?"

„Nein, der Taschentuchhalter kostete ursprünglich mal 39 Euro. Minus 75 Prozent macht jetzt 9,75 Euro."

Ich hielt den Taschentuchhalter in meinen Händen und schaute mir ihn von allen Seiten an. So etwas hatte ich noch nie gesehen. Das war nicht nur purer Kitsch, sondern dazu auch noch völlig überflüssig und, in meinen Augen, hässlich. Und er war in Rosa.

Was hatte Friedrich veranlasst, so etwas zu kaufen? Rosa. Friedrich hasste rosa. Rosa war für ihn eine absolute Mädchenfarbe. Wenn er Männer in rosafarbenen Hemden sah, wechselte er neuerdings fast immer die Straßenseite. Ich fragte ihn mal, warum er das machte. Er sagte, ich sollte mir mal vorstellen, da machte irgendeiner ein Foto von dem rosa gekleideten Mann und er wäre durch Zufall mit auf dem Foto und das Foto würde gepostet. Und die ganze Welt sähe ihn in der Nähe eines rosafarbenen Hemdes. Nein, das ginge nicht. Also manchmal hatte der Gedankengänge … und woher kannte er das Wort „posten"?

„Du, Friedrich, hat dir deine Verkäuferin auch gesagt, welche der zwei Milliarden Hände den Taschentuchhalter in China gefertigt hat?"

„Wie meinst du das?"

„Du hättest deine Anschnackerin im Dekoshop mal fragen sollen, ob *Handarbeit* ein geschützter Begriff ist."

„Ich verstehe dich nicht, Erika. Was meinst du?"

„Ich liebe dich, Friedrich. Mein Man by Leichtgläubigkeit."

„Meinst du, unsere Kinder freuen sich, wenn sie den mal erben?"

„Ich glaube, wenn die deinen Taschentuchhalter sehen und du mit dem Erben drohst, dann sterben Linda und Christian lieber freiwillig vor uns."

Diskretes Posting

Gastautorin: Rita, sie ist meine Schwester und wohnt wie wir in Hamburg. Sie möchte Sie gern diskret unterhalten. Ich glaube, dass das Wort Diskretion neuerdings eine andere Bedeutung hat als früher. Jetzt wünsche ich Ihnen eine diskrete Unterhaltung!

Seit vielen Jahren leide ich unter einer chronischen und unheilbaren Krankheit. Mein Arzt, Herr Dr. Hermann, übrigens ein ganz netter Mann, hat mich aber gut medikamentös eingestellt.

Das Positive an meiner Krankheit ist, dass die Tabletten relativ wenige Nebenwirkungen haben. Ich habe mir also eine richtig „gute" unheilbare Krankheit ausgesucht. So ähnlich formulierte es auch mein Arzt, als er mir die Diagnose mitteilte. Das war in den Neunzigern des letzten Jahrtausends. Hätte es damals schon die Elbphilharmonie gegeben, ich wäre hingefahren und von der Aussichtsplattform gesprungen.

Ich wollte nie tablettenabhängig sein, obwohl die meisten Menschen das ja irgendwann im Alter werden, oder sollte ich sagen, von vielen Ärzten dazu gemacht werden oder sich machen lassen?

Für mich bedeutet die lebenslange und notwendige Einnahme von Medikamenten eine Abhängigkeit, obwohl diese natürlich nichts mit einer Sucht zu tun hat. Ich drücke mich halt gern etwas krasser und ironischer aus. Meine Tablettenabhängigkeit und die bestätigte Unheilbarkeit waren zu dem Zeitpunkt einfach zu viel für mich. Natürlich hatte ich mich informiert, ob eine Ernährungsumstellung oder ein bestimmter Sport die Tabletten ersetzen könnten. Mein Arzt und das Internet verneinten es.

Mein Mann hatte mich damals getröstet. Es sagte zu mir, dass es doch schön wäre, gemeinsam alt, klapprig und grau zu werden. Ich musste lächeln und bemerkte, wie Hunderte salzige Tränen über meine Wangen in meinen Mund wanderten. Auch seine Augen wurden damals feucht. Wir spürten zum ersten Mal einen Anflug von Endlichkeit. Zum Glück war diese sentimentale und nachdenkliche Phase nur kurz.

Seit dieser Zeit musste ich nun regelmäßig zur Untersuchung. Meistens war alles in Ordnung. Manchmal passte der Doktor die Medikamente den veränderten Laborwerten an.

Doch plötzlich gab es ein Problem, Dr. Hermann wollte seine Praxis aufgeben und in den Ruhestand gehen. Ja, ich gab zu, er war auch für einen praktizierenden Arzt schon ziemlich alt. Er war Anfang siebzig. Der ein oder andere mochte das mit dem Alter anders sehen, aber ich dachte, dass er seinen Ruhestand schon verdient hatte. Aber zu welchem Arzt sollte ich zukünftig gehen? Dr. Hermann war doch meine große platonische Liebe.

Aber er hatte hier vorgesorgt. Auf einer Informationsveranstaltung stellte er seinen Patienten seine Nachfolgerin vor. Ich war überrascht, wie jung die war. Sie ließ meinen Doktor auf der Veranstaltung gar nicht zu Wort kommen. Reden konnte sie mit ihren knapp 30 Lenzen. Aber sollte ein guter Arzt nicht eher auch zuhören können?

Ich war froh, als die Veranstaltung vorbei war. Zu Hause angekommen, war mir klar, dass ich zu *der* nicht gehen würde. Ich würde mir einen neuen Arzt suchen müssen. Einen, der mindestens vierzig Jahre alt war. Und ein wenig entspannter sollte er auch sein als diese Ärztin.

Freunde, Bekannte, das Internet und die Anzeigen in den Wochenblättern konnten mich jedoch von keinem anderen Arzt so richtig überzeugen.

Bei der einen oder anderen Praxis rief ich mal an. Die Damen am Telefon, ja, es waren wirklich immer nur Frauen, nicht mal ein Quotenmann war zu finden, und der Umgang mit mir gefielen mir nicht.

Wahrscheinlich hätte ich auch nicht am Telefon sagen sollen, dass ich nur mal so angerufen hatte, um nicht *die Katze im Sack zu kaufen*. Das verstanden die Personen am anderen Ende der Leitung irgendwie nicht. Die waren aber auch alle verbissen und schrecklich humorlos. Glücklicherweise hatte ich bis zur nächsten Untersuchung ja auch noch ein paar Monate Zeit.

Einige Wochen später ging ich an der alten Praxis vorbei. Ich blieb wie angewurzelt stehen. Wieso stand da auf dem Schild „Dr. Bjarne Kresse" und nicht „Petra W…", wie hieß sie doch noch?

Neugierig, wie ich nun mal war, ging ich hinein. Die neue Dame am Empfangstresen sagte mir, dass Frau Doktor ein Baby erwarte und somit die Praxis gleich wieder weitergegeben habe. Na, zumindest konnte die dann auch noch andere Sachen außer reden.

Ich machte ganz spontan einen Termin!

Ein wenig aufgeregt war ich schon, als ich ein paar Tage später die neue alte Praxis betrat. Wie mochte er wohl sein, der neue Arzt? Ich könnte ja wieder gehen, wenn er mir nicht gefiele, sagte ich mir.

Kaum war ich angekommen, rief mich seine sehr nette Assistentin ins Sprechzimmer. Das ging ja unerwartet schnell. Die hatten wohl ein anderes Patientenverteilungssystem, oder wie man das auch immer nennen mochte, als mein alter Arzt.

Mich traf fast der Schlag, als ich den neuen Doktor sah. Also nur im übertragenen Sinne. Er war Mitte vierzig. Groß. Blond. Und er hatte Sommersprossen. Überall. Also da, wo ich es sehen konnte. Er sah aus wie mein Helmut, nur in jünger. Hoffentlich merkte er nicht, dass ich gerade dieses verliebte Teenagergrinsen aufgesetzt hatte. Oder anders ausgedrückt, es überkam mich einfach.

Glücklicherweise waren meine Krankendaten noch in der Praxis. Wir besprachen das weitere Vorgehen. Er sagte zu mir, dass ich noch mal kurz im Wartezimmer Platz nehmen solle, bevor ich zum Blutabnehmen aufgerufen werde. Ich ging lächelnd mit weichen Knien ins Wartezimmer. Dass ich dieses Gefühl noch mal erleben sollte oder durfte. Meinem Helmut würde ich das aber nicht so detailliert erzählen. Wahrscheinlich sollte ich diesen Punkt lieber ganz verschweigen.

Erst jetzt bemerkte ich, dass die Praxis total umgebaut und renoviert worden war. Bei meinem alten Arzt waren die Wände in dunklen Farben gestrichen. Die neuen Räume waren hell, aber nicht weiß. Wie nennt man so eine Farbe? Sie war farblich zwischen beige und orange. Freundlich und warm sahen die Räume jetzt aus. Und was mir noch auffiel: Alles war offen. Früher war der Empfangsbereich auf dem Flur und es gab Türen zum Wartezimmer, Labor und so weiter, die auch geschlossen waren. Heute war der Empfangstresen mitten in der Praxis. Die einzige blickdichte Tür war die zum Sprechzimmer. Die anderen Türen waren mit Milchglasfolie bezogen.

Auf dem Boden klebte jetzt ein knallrotes Schild, auf dem stand: „Diskretionsabstand einhalten." Was das wohl bringen sollte? Wenn da einer draufstand, sahen es die andern doch eh nicht mehr. Die ganze Praxis war ja sowieso einsehbar und irgendwie hellhörig. Ich sah eine Milchglaswand. Dahinter bewegten sich Personen.

Plötzlich kam eine junge Arzthelferin ins Wartezimmer und rief eine Patientin auf. Sie ging mit dieser Frau hinter die Milchglaswand. Die beiden redeten miteinander. Ich verstand fast jedes Wort. Das war also der Raum zur Blutabnahme. Schön fand ich das nicht. Na, mal abwarten, meine „öffentliche Abnahme" stand ja noch bevor.

Das Telefon klingelte die ganze Zeit, in der ich im Wartezimmer saß. Ich verstand jedes Wort, das die Arzthelferin zu den Anrufenden sagte. Die meisten wollten wissen, ob die Praxis gerade voll sei und ob es sich lohne, jetzt zu kommen. Andere fragten danach, wo denn der alte Doktor geblieben sei. Eine Frau rief an und wollte wissen, ob das Blutergebnis schon vorliege.

Ich dachte an den Diskretionsabstand. Für Telefongespräche wurde das hier wohl nicht so eng gesehen mit der Diskretion.

Und schon klingelte wieder das Telefon. Die Arzthelferin nahm den Hörer ab, sagte aber gleich zur Anrufenden, dass sie bitte kurz warten möge. Sie legte den Hörer auf den Tisch. Die hatte aber auch eine kräftige Stimme.

„So, da bin ich wieder, Frau Ba...", sagte die Arzthelferin, den Rest vom Namen konnte ich leider nicht verstehen, da meine Wartezimmernachbarin gerade husten musste.

„Ja, die Ergebnisse sind da. Der Herr Doktor möchte gern mit Ihnen persönlich darüber sprechen. Wann haben Sie Zeit?"

Ich denke mal, dass die Arzthelferin jetzt in ihrem Computer nach einem passenden Termin suchte.

„Geht es nicht noch diese Woche? Der Herr Doktor möchte Sie möglichst kurzfristig sehen."

Eine kurze Pause.

„Nein, nun machen Sie sich erst mal keine Sorgen. Es ist ja nur ein Gespräch. Der Herr Doktor ist ein sehr guter Arzt. Er wird Ihnen, wenn nötig, dann die weiteren Schritte erklären."

Wieder war eine Pause am anderen Ende der Leitung.

„Frau Baum..., kommen Sie gern noch heute vorbei. Ich schieb Sie dann dazwischen. Dass bekommen wir schon hin. Beruhigt Sie das ein wenig?"

„Schön, Frau Baumann, dann bis gleich."

Ich saß stocksteif auf meinem Stuhl. Die Arzthelferin am Telefon sprach mit Frau Baumann. Frau Baumann war meine Schwester. Was war mit meiner älteren Schwester? Was hatte Erika? Ich stand auf, ging zum Empfang und fragte die Arzthelferin. Sie sagte nur, dass sie nichts sagen dürfe und dass ich das verstehen müsse. Eine weitere Diskussion mit ihr anzufangen, erschien mir sinnlos.

Ich nahm mein Handy aus der Tasche. Meine Finger zitterten, während ich die Tasten drückte, um meine Schwester anzurufen. Diese Tasten waren einfach zu klein. Ich vertippte mich. Mist, ich hatte ihre Nummer doch gespeichert. Ich war so aufgeregt, dass ich die Tasten zu meinen Kontakten nicht fand. Nach dem gefühlten zwanzigsten Versuch schaffte ich es. Meine Schwester nahm aber nicht ab. War sie nach dem Anruf der Arzthelferin zusammengebrochen?

„Frau Liedtke, kommen Sie bitte", sagte die junge Arzthelferin zu mir. Ich hörte ihre Worte wie durch eine Nebelwand, doch ich konnte nicht aufstehen. Wie gelähmt saß ich auf meinem Stuhl.

„Frau Liedtke?"

„Ja", antwortete ich und ging wie ferngesteuert der Arzthelferin hinterher. Meine öffentliche Blutabnahme stand nun kurz bevor.

„Ist bei Ihnen alles in Ordnung?"

„Ja, nehmen Sie nur Blut ab."

Ein kurzer Piks und das war es schon. Ich nahm meine Tasche, meine Jacke und ging aus der Praxis. Draußen versuchte ich erneut anzurufen. Diesmal klappte es beim zweiten Versuch, Erika nahm aber wieder nicht ab. Ich rief meinen Mann an. Er ging auch nicht ans Telefon.

Ich lief nach Hause. Tränen liefen über mein Gesicht. Erika musste schwer krank sein, so wie die Arzthelferin auf einen zeitnahen Termin gedrängt hatte.

Wieso hatte sie mir nichts gesagt? Und wieso hatte ich nichts gemerkt?

Wir waren doch Zwillinge. Sie war vierzehn Minuten älter als ich. Wir hatten immer gemerkt, wenn es der anderen nicht gut ging. Wir hatten da so eine Verbundenheit, die viele Zwillinge haben.

„Helmut, wo bist du", rief ich, als ich die Haustür aufschloss. Er antwortete nicht. Ich schaute aus dem Wohnzimmerfenster. Da war er, mein Helmut. Er arbeitete im Garten.

„Na, bist du wieder da?", sagte er zu mir.

„Was ist denn passiert? Du hast ja geweint, nee, du weinst ja immer noch. Was ist los?"

Ich schluchzte.

„Erika, E r i k a ..."

„Was ist mit Erika?"

„Sie ist krank. Sehr krank."

„Was? Woher weißt du das? Hast du sie getroffen?"

„Nein."

„Liebling, was ist mit Erika?"

„Ich war ... war doch gerade beim Arzt. Und da musste ich im Wartezimmer warten. Und ... und da hat die Arzthelferin telefoniert. Und obwohl man jetzt Diskretionsabstand zum Empfangstresen einhalten muss, hört man alles. Da ist jetzt nämlich alles offen."

„Was ist offen?"

„Die Praxis. Man kann alles hören und fast alles sehen. Ich mein', wo die Blutabnahmen gemacht werden, das EKG und so."

„Das ist ja nicht so schön."

„Nee. Und die Arzthelferin hat mit Frau Baumann telefoniert, verstehst du, sie hat mit Erika telefoniert und gesagt, sie soll mal kurzfristig in die Praxis kommen. Der Doktor wolle dringend mit ihr die Ergebnisse besprechen. Verstehst du, dringend!"

„Ist Erika denn auch Patientin bei diesem Arzt? Hat sie dir davon erzählt?"

„Nein, du weißt ja, sie spricht nicht gern über Krankheiten und solche negativen Dinge. Und wenn ich jetzt auch an dieser schlimmen Krankheit leide. Bei mir haben die ja auch eben Blut abgenommen."

„Wieso bist du dir denn so sicher, dass die Arzthelferin mit Erika telefoniert hat?"

„Wir sind Zwillinge. Ich habe das im Gefühl, dass das am Telefon Erika war."

„Hast du Erika mal angerufen?"

„Natürlich, aber sie nimmt nicht ab. Weder auf dem Handy noch auf dem Festnetz. Sie sitzt bestimmt zu Hause und weint. Vielleicht ist sie auch zusammengebrochen oder hat nach dem Telefongespräch einen Herzinfarkt erlitten. Ich spür, dass da was passiert ist."

„Liebling, ich ziehe mich schnell um und dann gehen wir zu Erika. Ruf du sie doch in der Zwischenzeit noch mal an und beruhige dich."

„Ja, mach' ich."

Nach ein paar Minuten gingen wir aus dem Haus. Zu Fuß waren es zehn Minuten zu Erikas Haus. Wir bogen von unserer Nebenstraße auf die Hauptstraße ab. Überquerten diese und gingen schräg über den Marktplatz. Plötzlich drehte ich mich um. Mir war so, als hörte ich ein Lachen, das mir bekannt vorkam. Es kam aus dem Café. Wir gingen auf das Café zu und sahen Erika und ihren Mann. Beide lachten laut. Als sie Helmut und mich sahen, sprangen sie auf, breiteten die Arme aus und begrüßten uns.

„Erika!", sagte ich mit Tränen in den Augen, „geht es dir gut?"

„Ja, bestens. Wieso fragst du?"

„Du bist nicht krank? Und du hast heute keinen dringenden Arzttermin?"

„Nein, Schwesterchen, alles o. k. Sogar richtig gut. Ich war gestern bei meinem neuen Arzt. Ich hatte mich da letzte Woche mal richtig durchchecken lassen. Die Ergebnisse haben wir gestern besprochen. Sie waren berauschend gut für mein Alter. Und hinterher war ich noch kurz auf der

Bank. Ich wollte Auszüge holen ... und jetzt haltet euch fest, ich habe 5 Richtige im Lotto. Wahnsinn, oder?"

„Wahnsinn!"

„Und wie geht es euch?"

„Bei uns ist alles im grünen Bereich. Ich war auch heute beim Arzt. Du weißt ja, ich muss da regelmäßig hin."

„Ach, da mach' dir mal keine Sorgen, bei unseren Genen werden wir locker 90, so wie unsere Mutter."

„Klar", sagte ich und strahlte die anderen drei an.

Nach einer Tasse Kaffee und einem kleinen Klönschnack verabschiedeten wir uns und traten unseren Heimweg an. Wir legten noch einen kurzen Zwischenstopp im Lottoladen ein. Diese Woche war wieder Lotto-Jackpot, sodass wir an der Kasse mit einigen anderen Kunden warten mussten.

„Du Helmut, wenn wir zu Hause sind, dann muss ich diese Super-Geschichte über Erika gleich meinen Facebook-Freunden posten. Die können sich dann so richtig mit mir freuen", sagte ich aufgeregt und mit lauter Stimme zu Helmut.

„Bei Facebook kann man doch auch Nachrichten öffentlich verschicken – oder? Hat das nicht damals vor ein paar Jahren ein Mädchen aus Hamburg gemacht?", fragte Helmut grinsend, „und kamen da nicht Tausende zu der Einladung?"

„Ja, stimmt. Sie wollte damals zu einer privaten Party einladen. Doch leider hatte sie sich vertippt und dann kamen Tausende von Facebookern zur öffentlichen Feier."

„Ich würde lieber noch zwei, drei Tage warten, Rita, dann kannst du dein Blutergebnis gleich mit um die Welt schicken. Die Welt hätte dann doch eine Vergleichsmöglichkeit. Auch Zwillingsforscher werden sich bestimmt bei dir melden."

Plötzlich drehte sich eine Frau, die ziemlich weit vorn in der Warteschlange stand, um. Ich kannte das Gesicht und diese markant-schrille Stimme. Ich wusste nur gerade nicht woher.

„Frau Liedtke, Ihr Ergebnis müsste heute Abend schon da sein", sagte die Frau mit ihrer lauten, kräftigen Stimme.

Ich war so überrascht, dass ich nur ein „Aha" sagen konnte.

Als wir den Lottoladen verlassen hatten, fragte mich Helmut, wer diese Frau sei.

„Das ist die Mitarbeiterin von meinem neuen Arzt. Die mit Frau Baumann telefoniert hat", antwortete ich.

„Jetzt verstehe ich, die Praxis von deinem neuen Arzt handelt ja wirklich diskret. Ich finde, dass du sie auch in deinem Posting erwähnen solltest. Dein Arzt würde sich bestimmt über diese Werbung freuen."

„Meinst du, Helmut?"

„Ja, natürlich, du musst aber schreiben, dass das bitte wegen der ärztlichen Diskretion und des Datenschutzes nicht weiterverbreitet werden sollte. So bist du auf der sicheren Seite."

Kamera läuft

Geschafft! Unsere beiden Kinder und unsere drei Enkelkinder waren auf dem Heimweg. Es war ja immer schön, wenn sie zu Besuch da waren. Es war aber auch genauso schön, wenn sie die Tür wieder von außen schlossen. Obwohl, wir hatten wirklich Glück mit unseren Kindern, Schwiegerkindern und Enkeln. Alle waren gesund und munter. Wir wussten, dass das nicht selbstverständlich war. Aber so ein ganz klein wenig anstrengend waren die Kleinen ja schon.

„Friedrich, lass uns doch noch ein wenig warten mit dem Abendbrot. Ich möchte mich noch etwas ausruhen", sagte ich zu meinem Mann.

„Du, weißt du was, lass uns doch noch ein wenig fernsehen. Es gibt doch Sport", antwortete Friedrich und stellte den Fernseher an.

„Tja, da sind wir wohl ein wenig zu spät dran. Es gibt schon Nachrichten", sagte ich, als ich auf die Uhr schaute.

In den Nachrichten wurde leider mal wieder von einem Kindesmissbrauch berichtet. Der Reporter stand vor dem Haus des angeblichen Geschehens. Die Kamera schwenkte auf die Wohnung, wo sich der Missbrauch abgespielt haben sollte.

Der vermutliche Täter war angeblich der Freund der Mutter, aber wiederum nicht der Vater des missbrauchten Mädchens.

„Oh, nee, ich kann das nicht mehr hören", sagte ich zu Friedrich in einem leicht aggressiven Ton, der ihn zusammenzucken ließ.

„Was kannst du nicht mehr hören?", fragte Friedrich in seiner ruhigen Art.

„Dieses ... das waren ja so liebe Nachbarn. Die waren immer so freundlich und gegrüßt haben die auch immer. Ich kann da wirklich nichts Schlechtes über die sagen. Und ... da wohnt man jetzt jahrelang unter einem Dach ..."

„Ist ja gut, Erika. Reg' dich nicht so auf."

„Doch, ich will mich aufregen. Hör mal, jetzt geht's noch im Originalton weiter."

... ich habe auch Kinder, da leidet man ja besonders mit ...

„Erika, lass uns zu Abend essen."

Friedrich stand auf und ging in die Küche.

„Was glauben die denn? Sonst kümmert sich ja auch kaum ein Nachbar um den anderen. Aber wenn das Fernsehen auftaucht, dann machen die immer alle auf heile Welt und rennen vor die

Haustür, um dort Aufstellung zu nehmen wie bei einem Bundeswehrappell. So ein Mist kann doch überall passieren. Wer kann denn schon hinter die verschlossenen Türen der anderen schauen. Du etwa, Friedrich?"

„Wo soll ich was schauen, Liebling?", rief Friedrich aus der Küche.

„Siehst du, du hörst mir auch nicht zu. Wie soll das denn im Mehrfamilienhaus anders sein?"

„Möchtest du den Lochkäse oder ... stinkt?", rief Friedrich fragend aus der Küche.

„Ja, es stinkt mir. Auch Kinderlose können Mitgefühl haben."

Drei Minuten später brachte Friedrich die Brote zum Esstisch. Ich saß noch wie versunken vor dem Fernseher im Wohnzimmer.

„Liebling, kommst du?", rief Friedrich.

„Was sind das überhaupt für Menschen, die sich so vor die Kamera drängen. Warum machen die das? Friedrich, schau mal, was für ungewaschene Haare die Frau hat. Und so was will unbedingt ins Fernsehen. Die will wohl das neue Model für Anti-Fett-Shampoo werden. Da vergeht einem ja der Appetit."

Friedrich nahm den Teller mit dem Brot und brachte ihn zu mir.

„Danke, das ist lieb von dir", sagte ich und hatte dabei noch immer beide Augen und Ohren zum Fernseher ausgerichtet. Ich biss völlig mechanisch in das Brot und kaute zweimal.

„Was ist das?", schrie ich laut und hysterisch.

„Brot mit Käse, Liebling", sagte Friedrich trocken.

„Brot mit Stinkkäse. Ich mag doch keinen Stinkkäse. Das weißt du doch."

„Ich habe dich gefragt und du hast gesagt, dass du Stinkkäse möchtest. Ich habe mich auch schon gewundert. Aber im Alter werden ja manche Frauen so ein wenig, ich will mal sagen, anders. Kannst du dich noch an meine Mutter erinnern, wie die damals ..."

„Anders? Ich bin wie deine Mutter? Ich weiß gerade nicht, ob ich das positiv oder negativ auffassen soll."

„Meine Mutter hat meinem Vater auch oft nur mit einem Ohr zugehört. Also genau wie du."

„Mit einem Ohr, das stimmt doch nicht. Ich habe mit beiden Ohren zugehört!"

„Du hast doch extra ein Hörgerät, damit du nicht immer das Falsche verstehst. Warum stellst du es nicht an?"

„Natürlich habe ich mein Hörgerät eingeschaltet. Du hast mich ja gar nicht gefragt."

„Erika, natürlich habe ich dich gefragt. Ich habe es genau gehört, wie du Stink ... Vielleicht solltest du das Hörgerät mal lauter stellen, Liebling."

„Also, das glaube ich jetzt nicht. Ich höre alles mit dieser Lautstärke ... mir fehlen die Worte."

„Dir haben noch nie die Worte gefehlt. Du hast klar und deutlich Stink ..."

„Habe ich nicht gesagt."

„Weißt du was, Erika, ab morgen gibt es bei uns optisches Protokoll-Abendbrot."

„Was soll das jetzt wieder sein?"

„Ich male und beschreibe dir genau, wie was aussieht und schmeckt und du unterschreibst dann das Dokument. Nach der unterzeichneten Zeichnung bereite ich dann das Brot zu und ..."

„Hör mal zu, was die da im Fernsehen sagen."

... ich bin die Schwester der Mutter und ... und ich bin fast jeden Tag hier und ... und ich ... ich habe nichts gemerkt ... Ich kann das gar nicht glauben ...

„Ja und?"

„Ich ... ich bin die Frau von Friedrich und er ... er hat jahrelang nicht gemerkt, dass ich keinen

Stinkkäse mag, obwohl wir Tisch und Bett seit Jahrzehnten miteinander teilen."

„Was soll das jetzt wieder, Eri...?"

Ich wechselte kurz den Sender. Um diese Zeit stelle ich immer auf die Regionalprogramme um.

„Hör mal, Friedrich, auf diese Sprüche habe ich schon gewartet ..."

... man sieht das ja immer im Fernsehen, aber wenn das vor der eigenen Haustür passiert ... damit hatte doch keiner gerechnet. Hier war doch alles immer so friedlich ...

„Erika, meinst du nicht, dass du jetzt genug gesehen und gehört hast?"

„Davon kann ich nie genug hören. Diese Menschen. Dieses unechte Getue. Darüber kann ich mich nur aufregen. Und dann kommst du auch noch und hörst nicht zu. Warum seid ihr alle so? Warum bereitest du mir nicht einfach ein Brot zu. Du weißt doch, welchen Käse ich gern mag. Warum ..."

„Meinst du nicht, dass du jetzt einiges durcheinanderbringst?"

„Nein. Keiner hört dem anderen mehr zu. Du nicht. Und die Nachbarn von irgendwelchen Opfern bekommen auch nie was mit. Und wenn es zu spät ist, dann ... dann sind sie an vorderster Front vor der Kamera."

„Ist ja gut. Ich habe verstanden, Erika. Ab morgen bekommst du wieder den Lochkäse. Aber du weißt, der Lochkäse wurde vorsätzlich umgebracht, also ermordet."

„Hä, das verstehe ich nicht."

„Ach Liebling, wie meinst du, kommen die Löcher in den Käse?"

„Sind wir jetzt Mitwisser eines Mordes? Decken wir einen Mörder, Friedrich?"

„Ja natürlich, Erika. Zieh' schnell die Gardinen zu und am besten auch die Rollläden von außen, deine Haare sind nämlich so gar nicht gestylt und deine linke Socke hat ein Loch."

Ich schaute mir meine Socke an. Wie Friedrich das nun wieder gesehen hatte. Ich war noch nach vorne gebeugt, als es an der Tür klingelte. Autsch. So schnell aus der gebeugten Haltung aufrichten, war in meinem Alter nicht besonders ratsam. Und schon gar nicht, wenn der ganze Körper so durch das Fernsehprogramm angespannt war. Friedrich stand stocksteif und wie angewurzelt neben mir.

„Wer ist das?", fragte ich meinen Mann.

„Das weiß ich doch nicht", antwortete er ganz leise.

„Sei vorsichtig, wenn du die Tür öffnest."

Friedrich ging zur Tür und öffnete diese.

„Hallo Opa, ich habe meine Stifte vergessen",
sagte Finn und rannte ins Wohnzimmer.

Modernes Fallgut

Ich war letzte Woche mit meiner Tochter Linda einkaufen, oder shoppen, wie das jetzt heißt. Sie brauchte eine neue Bluse und einen neuen Rock für so eine Veranstaltung von ihrem Verein. Ganz genau hatte ich das nicht verstanden. Ich war aber mit ihr zum Shoppen gefahren. Sie hatte mich so lieb gefragt und ich war mächtig stolz, dass Sie ihre alte Mutter als Beraterin engagiert hatte. Oder hatte sie mich als Sponsorin gebucht?

Sie holte mich kurz nach dem Mittagsessen ab.

„Tschüss, Friedrich, bis nachher", sagte ich zu meinem Mann. Ich glaube, dass der froh war, mal ein wenig Zeit für sich zu haben.

„Bye Papa", sagte unsere Tochter.

„Viel Spaß euch beiden", rief Friedrich und hoffte wahrscheinlich, dass wir nun endlich die Tür von außen zumachen würden.

Wir fuhren in die Innenstadt. Unsere Tochter war schon eine ziemlich gute Autofahrerin. Wie besonnen sie fuhr. Und freundlich war sie auch.

Na ja, etwas musste sie auch von mir geerbt haben, dachte ich mir und musste schmunzeln. Sie bemerkte das glücklicherweise nicht.

Sie fuhr ins Parkhaus auf die Frauenparkplätze. Was es alles gab. Frauenparkplätze hatte ich noch nie so richtig gesehen. Friedrich fuhr ja nicht mehr so gern mit dem Auto und Parkhäuser, die vermied er sowieso. Und ich, ich würde mich nur im äußersten Notfall noch mal ans Steuer setzen.

Wir stiegen aus und gingen in die Passage. Puh, was für ein Geräuschpegel. Menschen, die durcheinanderredeten. Geschirr, das klapperte. Kinder, die schrien. Die Luft war alles andere als angenehm. Also um die Belüftung sollten die sich hier mal kümmern.

„Mama, lass uns erst mal in das Kaufhaus gehen. Ich glaube, die haben die Blusen, die ich suche", sagte meine Tochter zu mir.

„Klar, das machen wir. Geh' nur vor. Ich bin heute deine Trägerin", sagte ich.

Wir gingen durch die Gänge. Vor uns schlenderte eine Frau so um die vierzig. Sie schaute sich ein T-Shirt an und nahm es vom Ständer. Es gefiel ihr wohl nicht und sie hängte es wieder zurück. Ja und genau in diesem Moment rutschte es vom Bügel und landete auf der Erde. Die Frau bückte sich nicht, um es aufzuheben. Sie zeigte keinerlei Reaktion. Und als sie weiterging, trat sie mit einem

Fuß noch auf das T-Shirt und stolperte sogar ein wenig. Nicht einmal da zeigte sie auch nur irgendeinen Reflex.

Ich stand mit offenem Mund, einen Meter von ihr entfernt. Ich war so schockiert über diese Ignoranz und Gleichgültigkeit, dass ich meine verbale Schlagfertigkeit gerade nicht anwenden konnte. Als ich so perplex dastand, hörte ich auch schon ein lautes „Mama, wo bist du" von meiner Tochter, die mittlerweile schon den halben Laden durchforstet hatte.

„Ich komme schon", rief ich und machte mich auf dem Weg zu ihr. Ich war ja eine guterzogene Mutter.

„Wo warst du denn so lange?", sagte Linda mit diesem leicht vorwurfsvollen Ton.

„Ich musste noch was beobachten."

Meine Tochter schaute mich ein wenig verwirrt an und zeigte mir dann eine Bluse. Sie probierte sie an. Sehr hübsch und die passte wie maßgeschneidert. Ich riet ihr, diese zu nehmen.

Wir gingen zur Kasse und bezahlten. Von dieser Schnelligkeit war ich wirklich überrascht. Aber wir waren ja noch nicht fertig.

Im nächsten Laden wollten wir noch nach einem Rock suchen. Hier war ich noch nie einkaufen. Ich war vielleicht ein wenig zu alt für diese

Mode, aber die Teile sahen hier wirklich ansprechend aus, das musste ich schon sagen. Auch die
Qualität schien gut zu sein. Meine Tochter hatte
wohl schon einen Rock im Visier. Sie bekam dann
immer diesen stechenden Tunnelblick.

„Mama, schau mal. Der sieht doch tierisch aus",
sagte sie zu mir und hielt mir den Rock direkt vor
die Nase.

„Ja, wirklich tierisch. Seit wann magst du denn
Leopardenmuster?", fragte ich leicht irritiert.

„Seit jetzt, glaube ich. Ich probiere ihn schnell
an", sagte sie und verschwand in der Umkleidekabine.

Während ich auf meine Tochter und ihren übli-
chen Urschrei wartete, wenn etwas mal wieder
nicht passte, beobachtete ich die Kunden im Laden.

Auf einem Grabbeltisch lagen Schals, Halstü-
cher und Loops. Alle waren reduziert. Drei Frauen
standen um den Tisch herum und wühlten in der
Ware. Und da passierte es, einer potenziellen
Kundin fiel ein Tuch auf den Boden. Sie bemerkte
es. Das erkannte ich. Aber auch sie bückte sich
nicht. Das sah ich auch. Es war ihr wohl nicht mal
unangenehm. Eine Verkäuferin kam, hob das Tuch
auf, schüttelte den Kopf und schaute mich an. Ich
zog die Schultern nach oben und schüttelte ebenfalls mit meinem Kopf. Dann lächelten wir uns an,

wie Verbündete gegen Kunden ohne Benehmen und Wertgefühl.

„Ah, Mist. Passt nicht. Ich bin zu fett", waren die Worte, die aus der Umkleidekabine heraus ins Geschäft schallten. Die Lautstärke entsprach ungefähr den Lautsprecherdurchsagen in Kaufhäusern.

„Dann nimm doch einfach Größe 36", war meine Antwort, natürlich im Dezibel-Normalbereich.

„36? Wie krass ist das denn? Mama, das geht ja gar nicht", sagte Linda und schaute mit dem Kopf und Oberkörper hinter dem Vorhang der Umkleidekabine heraus.

„Du bist auch keine 20 mehr. Und zwei Kinder hast du auch", sagte ich und bemerkte sofort, dass ich das hätte nicht sagen sollen, obwohl es der Wahrheit entsprach. Plötzlich war es, als ginge ich mit einem völlig durchgeknallten Teenager einkaufen, nicht mit einer 35-jährigen berufstätigen Frau und Mutter. Mir war meine Tochter in diesem Moment sehr peinlich. Andere Kunden schauten uns an. Ich hoffte nur, dass niemand uns erkannt hatte. Linda kam auch auf meine Aufforderung, dass ich mir den Rock mal ansehen möchte, nicht aus der Kabine.

Als meine Tochter endlich aus der Umkleidekabine herauskam, hatte sie einen roten Kopf und diese besonderen Augen, die aussahen, als hätte sie hohes Fieber. Bei diesem Gesichtsausdruck ging man ihr lieber aus dem Weg.

Natürlich fragte ich die Verkäuferin, ob es diesen Rock auch in Größe 36 gäbe. Leider nicht. Oder sollte ich lieber sagen, ein Glück, dass es ihn nicht gab. Meine Tochter schaute ich dabei lieber nicht an.

Im dritten Geschäft fand sie dann endlich ihren Rock. Plötzlich ging alles ganz schnell. Und das Wichtigste für meine Tochter, der Rock war in Größe 34. Vielleicht sollte ich zukünftig Klemmetiketten in Größe 34 mitnehmen. Diese würde ich dann in einem unbeobachteten Moment an die entsprechenden vorausgewählten Klamotten heften und wir würden ganz schnell fertig werden mit dem Einkauf. Und der Einkauf wäre ganz entspannend.

„So, wo wir jetzt alles eingekauft haben, wie wäre es dann mit einem Stück Kuchen und einen Kaffee? Ich lade dich ein", sagte ich zu meiner Tochter.

„Ja gern, Mama", antwortete Linda wieder in einer normalen Lautstärke und angenehmem Ton.

„Lass' uns gleich da drüben hingehen."

Wir suchten uns einen schönen Platz an der Fensterseite des Cafés. Eine Bedienung nahm unsere Wünsche auf. Ich schaute mich ein wenig um, während Linda kurz auf die Toilette verschwand. Viele Gäste waren ja noch nicht hier, was ganz schön war.

Zwei Tische weiter saßen zwei Frauen. Die beiden tranken irgend so ein Kaffeegetränk. Ich kannte mich da ja nicht so mit aus. Die eine Frau nahm die Tasse hoch und genau in dem Moment fiel die Serviette nach unten. Die Frau schaute ihr hinterher. Wäre mir die Serviette heruntergefallen, ich hätte mich reflexartig gebückt und sie aufgehoben. Die Frau nicht. Für diese Beobachtung brauchte ich schon den gesamten Schüttelmechanismus meines Halses. Ein Glück, dass ich keine Probleme mit der Halswirbelsäule hatte. Aber was dann kam, das führte bei mir zur Schnappatmung. Die Frau rief die Bedienung und bat um eine neue Serviette. Die Bedienung brachte ihr eine, hob die alte auf und ging weg. Ich fand, sie ging leicht stampfend. Ich dachte so bei mir, dass sie nun ebenfalls an Schnappatmung litt.

„Mama, geht's dir gut? Alles in Ordnung?", fragte mich meine Tochter mit diesem besorgten Blick, als sie wieder an unseren Tisch kam.

„Hast du diese Arroganz der Frau da gesehen?"

„Nein. Was war denn?"

Ich erzählte meiner Tochter meine Beobachtung. Das war nun schon der dritte Fall heute.

„Wir haben euch doch früher auch beigebracht, sich zu bücken, wenn etwas heruntergefallen war – oder etwa nicht?"

„Doch, das habt ihr. Wir haben sogar von euch gelernt, sich zu bücken, wenn einem anderen, und ganz besonders, wenn einem Älteren etwas herunterfällt."

„Ich weiß noch, wie du als kleines Mädchen einem anderen Jungen das Bonbonpapier aufgehoben hattest und ihm nachliefst. Der Junge guckte damals schon ziemlich dumm aus der Wäsche."

„Ja, ich kann mich aber nur noch schwach daran erinnern. Aber ich heb' bis heute ja auch alles auf. Wie oft fallen Kunden, die vor mir an der Kasse stehen, Münzen aus ihrem Portemonnaie. Ich hebe das immer auf. Egal, ob das ein Bauarbeiter oder eine Rollator-Oma ist. Bemerkt habe ich das aber auch schon, dieses ignorante Verhalten vieler Menschen. Sich bücken ist wohl nicht mehr *in*."

„Ja, das sehe ich auch so. Für manche Menschen hat die Ware eben keinen Wert mehr."

„Ja, das auch. Aber häufig reagieren Menschen so gleichgültig."

„Die meisten Kunden sind auch völlig reaktionsfrei. Und Verkäufer und Bedienungen werden von vielen Gästen immer noch wie unsichtbar oder billig abgestempelt. Ich finde das eine ganz fürchterliche Entwicklung."

„Früher hat man immer gesagt, dass der Kunde König ist und man alles machen sollte, um den Wunsch des Kunden zu erfüllen."

„Ja, das stimmt, Linda. Aber leider benehmen sich heute viele Kunden nicht mehr wie Könige. Oder gibt es vielleicht eine neue Generation von Königen und wir haben das verpasst? Ich werde beim nächsten Friseurbesuch die Tratschzeitschriften mal genauer untersuchen."

„Mach das, Mama. Ich bringe dich jetzt nach Hause. Papa wartet sicherlich schon", sagte Linda, nachdem wir unseren Kaffee getrunken, den Kuchen gegessen und uns heißgeredet hatten.

Auf dem Weg nach Hause fiel mir auf, wie viele Pappbecher, ausgespuckte Kaugummis, Papier, Zigarettenkippen … neben den Mülleimern lagen. Also so blind konnten die Menschen ja gar nicht sein, dachte ich im Stillen.

Wir verabschiedeten uns im Auto. Ich ging ins Haus. Als ich den Flur betrat, sah ich Friedrichs Weste auf dem Fußboden liegen. Ihm war doch hoffentlich nichts passiert?

„Friedrich, wo bist du?", rief ich aufgeregt durch das Haus. Es kam keine Antwort. Ich ging die Treppe hoch und rief nochmals.

„Oh, hallo. Seid ihr schon wieder zurück."

„Kannst du nicht antworten, wenn man dich ruft? Ich hab' mir gerade Sorgen gemacht, dass es dir nicht gut geht."

„Wieso?"

„Na, weil im Flur schon die Weste auf dem Boden liegt. Ich dachte, dir wäre übel und du hättest dich hingelegt."

„Och, die Weste, die ist mir vorhin von der Garderobe runtergefallen. Ich wusste ja nicht, dass ihr so früh schon wieder zurück seid. Ich hätte die schon noch aufgehoben."

Ich merkte, wie die Wut in mir hochstieg. Erika, bleib ruhig. Ausatmen, Erika, ermahnte ich mich. Friedrich sah mich an und verstand nun überhaupt nicht, wieso ich so merkwürdig atmete.

Ich öffnete meine Jacke und ließ sie sanft über die Schultern auf den Boden gleiten. Das sah wahrscheinlich so elegant aus wie die erste Stunde in einem Striptease-Kurs an der Volkshochschule für Frauen, die einen Nebenerwerb suchen oder ihren Mann mal so richtig überraschen wollen.

„Erika, deine Jacke ist gerade auf den Boden gefallen", sagte Friedrich und legte dabei seinen Kopf so komisch zur Seite.

„Ach ja? Das ist jetzt modern. Habe ich heute beim Einkaufen mit Linda gelernt. Linda praktiziert diese Methode zwar nicht, aber viele andere Frauen. Komm doch nächstes Mal einfach mit. Und wenn es dich stört, dann heb' die Jacke doch einfach auf", entgegnete ich völlig emotionslos, leicht arrogant und unterkühlt.

Ich hatte Friedrich selten so dumm und hilflos aus seinem Pullover schauen sehen wie jetzt. Dann kam er aufgeregt auf mich zu, stolperte über meine Jacke, die immer noch am Boden lag, und fiel mir direkt in die Arme.

„Wenn du wackelig auf den Beinen bist, dann ist das wohl doch nicht so gut, wenn du mit Linda und mir shoppen gehst", sagte ich und hielt meinen Mann immer noch in den Armen. Er lächelte mich siegessicher an.

Das Telefon klingelte. Ich ließ Friedrich los und drückte den grünen Hörer.

„Linda, du bist wieder zu Hause. Schön. Ja, Papa geht es gut. Tschüss, bis bald."

Der Flipflops-Flop

Friedrich und ich waren so vertieft in ein Gespräch, dass wir zusammenzuckten, als es ungefähr 50 Meter vor uns auf der Straße knallte.

„Endlich mal wieder ein Unfall", sagte Friedrich leicht ironisch, „ist ja auch gar kein Wunder, so wie die rasen."

„Sei lieber froh, dass sie uns nicht angefahren haben", fügte ich Friedrichs Aussage hinzu.

„Bin ich."

Bekanntermaßen waren wir beide ja vielseitig interessiert. Aus diesem Grund gingen wir selbstverständlich schnell zu der Unfallstelle. Dort standen jetzt schon ein paar andere Personen, die zuschauten.

Es waren zwei Autos ineinander gefahren. Oder war das hintere auf das vordere Auto aufgefahren? So genau hatten wir den Unfallhergang nicht beobachtet. Um genau zu bleiben, hatten wir gar nicht gesehen, wie es zu dem Unfall gekommen war.

Im vorderen Auto saß eine Frau mit einem Kind. Als wir näher kamen, sahen wir, dass sich vor dem ersten Auto noch ein Fahrrad befand. Ungefähr zehn Meter danebenlag ein Mädchen. Geschätzte acht Jahre alt. Es rührte sich nicht. Passanten liefen zu dem Mädchen. Einige telefonierten. Ich hoffte, dass sie die Polizei und die Rettung anriefen. Heute wusste man ja nie. Womöglich machten die auch nur Fotos.

Die Frau mit dem Kind schälte sich aus ihrem kleinen, aber bestimmt sehr teuren Auto. Sie war aufgetakelt wie eine Z-Prominente, die zu einer Dorfblattveranstaltung wollte, um sich zu präsentieren. Vielleicht entsprang diese Beschreibung und Wortwahl eher auch ein wenig den Inhalten meiner Tratschzeitschriften, die ich immer beim Friseur las. Na jedenfalls trug das Kind ein fuchsiafarbenes Kleid und hatte einen geflochtenen Zopf. Die Frau und das Kind passten optisch überhaupt nicht zusammen. Die Frau war mit ihren Fingern am Rocksaum zugange. Sie zog diesen nach unten, dabei bewegte sie ihren Hintern so komisch hin und her, dass mir die Tränen kamen, obwohl die Situation ja alles andere als belustigend war.

„Guck mal, Friedrich. Die Frau hat gar keine Schuhe an", sagte ich leicht irritiert.

„Aber was hat die denn da um ihren Knöchel? Ist das ein Band?", fragte Friedrich, während seine Augen auf den Knöchel der Frau starrten.

„Du, die hat wahrscheinlich so kleine Schühchen angehabt. Mit so dünnen Riemchen und dazu noch total hohe Absätze, da kann ja keine drauf laufen. Geschweige denn, damit Auto fahren. Die reißen sofort ab, wenn man eine falsche Bewegung macht."

„Die sind bestimmt abgerissen, als die Frau bremsen wollte."

„Wahrscheinlich."

Langsam stieg auch der Mann aus dem anderen Auto aus. Er sah völlig orientierungslos aus. Er trug noch einen Schuh. Obwohl Schuh hier das falsche Wort ist. Er trug Flipflops, aber eben nur einen.

Mittlerweile waren Polizei und Rettung am Unfallort eingetroffen und sicherten diesen ab. Dann gingen die Polizisten, Sanitäter und der Arzt zu den Unfallopfern und Unfallbeteiligten.

Als Erstes kümmerten sie sich natürlich um das Mädchen. Es wurde beatmet. Mehr konnten wir nicht sehen. Das Mädchen wurde dann in den Rettungswagen geschoben.

Die Polizisten wollten wohl jetzt die Daten der beiden Fahrer aufnehmen. Die Frau suchte nach

ihrer Handtasche. Dabei bückte sie sich so unge-
schickt, oder war es Absicht, dass der Polizist bei
dieser Bewegung die Farbe ihrer Unterhose und
mehr sehen sollte?

Ich hörte, wie der Polizist zum Autofahrer sagte, dass er sich doch bitte erst den zweiten Schuh
anziehen solle. Da erst bemerkte der Mann, dass er
nur einen seiner Flipflops trug. Er suchte völlig
wild und hektisch, aber doch auch ein wenig apa-
thisch den zweiten. Der Polizist ging um das Auto
und hielt ebenfalls Ausschau. Dann beugte sich
der Polizist, um in das Auto des Mannes zu gelan-
gen. Dort war der zweite der Flipflops, wohl ein-
geklemmt zwischen Gas- und Bremspedal. Also
das vermutete ich, weil ich beobachten konnte, wie
er in diesem Bereich arbeitete.

„Friedrich, was ist denn jetzt wieder passiert?",
fragte ich, als ich einen Schrei hörte.

„Schau mal, Erika, der Mann hat einen kaputten
Fuß", antwortete Friedrich und zeigte mit seiner
Hand auf den Fahrer des Unfallautos.

„Stimmt, da ist ja alles voller Blut."

„Der ist bestimmt in etwas hineingetreten. Vielleicht in eine Glasscherbe."

„Gut möglich. Oder vielleicht ist etwas von seinem Auto abgebrochen."

Wir beobachteten, wie der Polizist einen Sanitäter rief.

Wir gingen nach Hause. Das war hier doch schlimmer als gedacht und einfach zu viel für uns und unsere Nerven. Und wir waren ja eh keine Zeugen.

Hatten wir uns auf dem Hinweg noch angeregt unterhalten, so schwiegen wir auf dem Rückweg. Unsere Gedanken waren bei dem Unfall. Und ganz besonders bei dem kleinen Mädchen, das mit dem Rettungswagen ins Krankenhaus gebracht worden war. Wie schnell sich alles ändern konnte. Wie schnell könnte alles vorbei sein. Zu Hause angekommen, riefen wir unsere Kinder an. Es tat gut, ihre Stimmen zu hören. Von dem Unfall erzählten wir ihnen nichts.

Abends stellte ich den Fernseher an. In den Regionalprogrammen wurde immer über die Veranstaltungen und Geschehnisse aus der Region berichtet. Plötzlich sahen wir „unseren" Unfall im Fernsehen. Ich machte den Ton lauter und rief nach Friedrich.

Der Sprecher erzählte, dass bei einem Autounfall heute ein 9-jähriges Mädchen zu Tode gekommen war. Als Grund nannte er, dass zwei Autofahrer wahrscheinlich nicht rechtzeitig gebremst hatten. Im Nebensatz erwähnte der Sprecher, dass beide Fahrer sehr leichtes Schuhwerk getragen hatten. Der Moderator stellte die Frage in den Raum, ob das Kind hätte noch leben können, wenn die Autofahrer festes Schuhwerk getragen hätten.

„Friedrich, könntest du es mit deinem Gewissen vereinbaren, einen Menschen umgebracht zu haben, weil sich zum Beispiel deine Flipflops an der Bremse verhakt hätten?"

„Ich weiß nicht, ob man das als umbringen bezeichnen kann, aber mit meinem Gewissen könnte ich das nicht vereinbaren. Weiß du noch, als ich mir vor ein paar Jahren mal Flipflops für das Badezimmer in unserer Ferienwohnung gekauft hatte. Das war aber nur aus hygienischen Gründen. Ich glaube, ich hatte die nicht mal im Treppenhaus an."

„Genau, stimmt. Die waren so in Hellblau und hatten Möwenbilder auf der Sohle."

„Ich habe mich, warte mal, ich muss mal nachdenken, ich glaube noch nie mit Latschen ans Steuer gesetzt."

„Ich glaube, ich habe letztens gelesen, dass dem Autofahrer eine Mitschuld gegeben werden kann und dass die Versicherung nicht für den ganzen

Schaden aufkommt, wenn das Schuhwerk an dem Unfall schuld sein könnte."

„Ja, das finde ich auch richtig so. So ein Auto ist ja nicht nur eine Familienkutsche oder ein Ich-zeig-mal-was-ich-habe-Gegenstand, sondern benötigt höchste Aufmerksamkeit."

„Kannst du dich daran noch erinnern? Ich hatte früher ja immer meine leichten Schuhe in der Tasche, wenn wir mal zu einer Feier gefahren sind, auch wenn du gefahren bist. Stell dir mal vor, du musst schnell aus dem Auto aussteigen, weil es brennt. Das ist doch mit so losem Schuhwerk wirklich gefährlich. Wir haben doch eben gesehen, wie schnell man sich den Fuß verletzen kann."

„Ja, das geht so schnell und ist bestimmt sehr unangenehm. Letztens haben wir doch auch wieder mehrere Personen gesehen, die mit Flipflops Rolltreppe gefahren sind."

„Ja, stimmt. Und denk' an die, die in die U- und S-Bahn einsteigen. Wenn die ihre Schuhe verlieren und die ins Gleisbett rutschen, dann fährt die Bahn vielleicht gar nicht los. Und das womöglich im Berufsverkehr. Da werden dann wieder Tausende Fahrgäste zu Flipflops-Leidtragenden und der Verkehrsfunk hätte mal wieder zu berichten, dass aufgrund eines Notfalleinsatzes der Feuerwehr zur Zeit kein Zugverkehr möglich ist und das ein Schienenersatzverkehr eingerichtet wurde."

„Na, den Text hast du dir ja gut gemerkt."

„Ist doch kein Wunder, die sagen das doch gefühlt ziemlich oft im Radio."

„Vielleicht sind die anderen Menschen aber auch einfach nicht so alters- und alltagsängstlich wie wir."

„Altersängstlich?"

„Ja, oder nenne es meinetwegen auch Altersweisheit mit Folgewissen."

„Ach Erika, was für ein Glück, dass meine verkorksten Füße gar keiner sehen will und ich möchte meine ungepflegten Hornhautfüße auch gar keinem anderen zumuten."

„Und warum legst du deine Füße dann auf den Tisch?"

„Wann mach' ich das?"

„Das merkst du gar nicht? Bist du schon so alt im Kopf?"

„Immer, wenn du fernsiehst. Genau dann legst du die Füße auf den Tisch. Und im Sommer sogar ohne Socken. Ich werde dich mal daran erinnern, wenn du mal wieder die Füße hochlegst."

„Das ist doch wohl lange nicht so dramatisch, als wenn man mit Flipflops oder ähnlichen Schuhen Auto fährt."

„Habe ich ja auch gar nicht gesagt. Es ist nur nicht besonders hygienisch, wenn du deine Füße auf den Tisch legst."

„Komm, lass uns was essen. Ich habe Hunger."

Ich ging in die Küche und wollte Essen zubereiten. Das hätte auch funktioniert, wenn ich mich nicht so unvorsichtig gedreht hätte.

„Aua! So ein Mist."

„Liebling, was ist passiert? Ich komm schon."

„Ich bin mit meinem Fuß umgeknickt. Ich kann nicht mal in der Wohnung auf solchen Latschen fehlerfrei gehen, aua, tut das weh."

„Wollen wir zum Arzt?"

„Nein, ich kühle den Fuß ein wenig."

„Liebling, ich glaube, du brauchst jetzt doch diese beigen Seniorenhausschuhe, in denen man so ganz fest steht."

Es war ein Glück, dass ich die zweite Latsche noch zu greifen bekam. Die Flugeigenschaften und meine noch vorhandene Armmuskulatur waren ausreichend, um Friedrich am Hintern zu treffen.

„Was war das? Erika, was soll das?"

„Das nennt sich Gewalt in der Ehe. Und das kann in jedem Alter passieren."

„Du wirfst mit Schuhen, Erika!"

„Ja, leider kam ich nicht an den Putzlappen ran, sonst hätte ich gleich zwei Fliegen mit einer Klappe schlagen können."

„Wie meinst du das?"

„Na ja, mit dem Putzlappen, der dich am Hintern traf, hättest du gleich den Tisch wischen können, auf dem deine Füße immer liegen."

Friedrich schaute mich so komisch an. Er sagte nichts. Ich war aber mal wieder richtig stolz, das letzte Wort gehabt zu haben.

Heiß, heißer und Punkt

Heute war mal wieder ein sonniger Tag. Friedrich und ich waren schon den ganzen Tag im Garten. Wir hatten ja noch ein paar Erdbeerpflanzen, die mal durchgesehen werden mussten. Ich dachte, dass wir noch einige Erdbeeren ernten könnten. Nur so zum Naschen.

„Friedrich, bring mir bitte mal die gelbe Schale. Ich möchte noch die restlichen Erdbeeren pflücken", rief ich meinem Mann zu.

„Hier, Liebling."

Er kann aber auch charmant sein, mein Friedrich, dachte ich, als er mit dem gewünschten Gefäß zu mir kam.

Es brachte mir wirklich Spaß, die Erdbeeren zu ernten. So bei 27 Grad, blauem Himmel, und das am Vormittag. Es war heute wieder keine Wolke zu sehen. Das war so ein Sommer, wie er früher häufig war. Zumindest in den verklärten und schöngeredeten Erinnerungen.

Was für ein schöner Tag. Und heute Abend gab es noch diesen romantischen Film im Fernsehen. Mein Mann fand bestimmt wieder tausendundeine

Ausrede, um diesen Film nicht mit mir schauen zu müssen. Vielleicht konnte ich den Fernseher ja so stellen, dass wir trotzdem auf der Terrasse sitzen konnten. Wenn ich dann noch sein Lieblingsbier kühl stellte, würde sich Friedrich möglicherweise zu mir setzen. Ach, was wäre das schön. So wie früher. Ich musste ihn sanft und vorsichtig auf meinen Anschlag vorbereiten. Ein paar Stunden Zeit blieben mir ja noch für die vorbereitende Arbeit im Untergrund. Vielleicht sollte ich auch meine Taktik ändern. Jetzt musste ich aber erst mal weiter pflücken.

Vor dem Abendessen zündete ich schon mal eine Kerze an.

„Ist dir kalt, oder warum zündest du mitten im Sommer eine Kerze an?", fragte mich Friedrich.

„Och, weiß du, die habe ich gerade im Schrank gefunden. Ich finde, die passt ganz gut zu unserem Essen."

„Eine Kerze, die zu unserem Essen passt? So einen Blödsinn hast du ja noch nie gesagt, Erika."

„Findest du denn nicht auch, dass sich das Rot der Kerze in den Tomaten widerspiegelt?"

„Erika, wir sind jetzt so lange zusammen. Ich kenne dich wirklich gut. Und ich muss sagen, du hast einen Sonnenstich! Kauf dir doch einfach mal so einen beigen Sonnenhut. Die gibt es doch ganz günstig aus diesem robusten Baumwollstoff."

So konnte der Abend nicht weiterlaufen. Ich musste ihn irgendwie wieder positiver stimmen.

„Setz dich doch schon mal nach draußen. Ich komme gleich nach", sagte ich zu meinem Mann, der mich doch ziemlich verwirrt anschaute.

Sprachlos ging Friedrich nach draußen und setzte sich auf einen Stuhl. Ich glaubte, er wusste gerade nicht, was er von mir halten sollte. Wahrscheinlich war ich für ihn die verwirrte Alte. Ich musste ein wenig aufpassen, nicht dass er noch mein Betreuer würde, weil er mich für tüdelig, ach, das heißt heute ja dement, hielt.

Ich stellte den Fernseher an. Drehte ihn ein wenig um, dass man das Bild auch auf der Terrasse sehen und den Ton hören konnte.

Doch was war das? Ich hatte doch den richtigen Sender beziehungsweise das richtige Programm angestellt. Was gab es heute für eine Sondersendung? War eine bekannte Persönlichkeit gestorben oder gab es einen Unfall in einem Atomkraftwerk? Ich drehte den Ton lauter.

„Wie Sommer in Norddeutschland? Wie der heißeste Tag in diesem Jahr? In diesem Sommer kommt es doch nun wirklich nicht auf ein Grad mehr oder weniger an", sagte ich zum Fernseher.

„Liebling, hast du was gesagt?"

„Ja, aber nur zum Fernseher."

„Du sprichst mit dem Fernseher, Erika? Und was antwortet er dir?"

„Die wollen heute wieder eine Sondersendung zum Sommerwetter senden. Und wahrscheinlich wollen die mal wieder den Unterschied zwischen Wetter und Klima erklären. Und die werden garantiert wieder einen Fachmann einladen, der erklären wird, dass wir uns mitten im Klimawandel befinden. Wie heißt dieser Hamburger noch, der in Kiel arbeitet? Der kann das immer so einfach, sachlich und ausdauernd erklären."

„Ja, ich weiß, wen du meinst. Stimmt, der erklärt den Unterschied zwischen Klima und Wetter ja schon seit Jahren."

„Sag' ich ja. Und es steht ebenfalls seit Jahren in den vielen Zeitungen. Und das Internet quillt über, wenn du den Begriff Klimawandel in eine Suchmaschine eingibst."

„Das hast du gemacht? Du informierst dich im Internet? Dass dir das so wichtig ist, das wusste ich nicht."

„Friedrich, wir haben zwei Kinder und drei Enkel, da interessiert es mich, wie es mit der Erde und dem Klima weitergeht."

„Du hörst dich an wie eine Wissenschaftsoma."

„Du, unsere drei werden das Thema garantiert in der Schule besprechen, da will ich doch nicht dumm und unwissend dastehen."

Ich ging noch kurz mal in die Küche, um etwas zu holen. Als ich zurück ins Wohnzimmer kam, wurden Menschen gezeigt, die sich an Eisdielen anstellten, um an das kühle Naschwerk zu kommen. So ein Blödsinn, dachte ich, was hat das Konsumverhalten nun mit diesem sehr ernsten Thema des Klimawandels zu tun? Die scheinen im Fernsehen wohl immer noch nicht den Ernst der Lage erkannt zu haben. Dann kam der erwartete Meteorologe ins Bild.

„Ach, der erklärt den Unterschied dieses Mal", sagte ich, „aber warum die immer wieder Leute zeigen, die den Sommer und die Wärme so schön finden und sich in Badezeug von Reportern fragen und filmen lassen, das weiß ich nicht. Die sollten doch lieber ausführlicher darstellen, was jeder Einzelne machen kann, um die Erderwärmung zu stoppen. Ich finde, dass die Zeit sehr drängt. Aber meistens ist das im Fernsehen doch nur so ein oberflächliches Gerede. Du wirst sehen, wenn der erste Regen kommt, haben viele das Thema Klimawandel vergessen. Und kaum taucht das erste Hochwasser im Herbst auf, dann zerren die wieder die Fachleute vor die Kamera, bringen Sondersendungen und so weiter."

„Du weißt doch, die müssen Programm für alle machen. Und aus diesem Grund kann jedes Thema nur angesprochen, aber nicht vertieft werden."

„Vertieft, genau das ist das Stichwort. Ganz tief werden wir oder unsere Kinder und Enkel bald im Wasser stehen. Tja, manchmal kann die Realität aber grausamer und fürchterlicher werden als jeder noch so gute Krimi."

„Da stimme ich dir zu hundert Prozent zu, Erika."

„Siehste, und wenn die sich nur oberflächlich mit dem Klimawandel beschäftigen wollen und Personen an Eisdielen zeigen, dann können die Fernsehleute auch ganz darauf verzichten und den schönen Film auch pünktlich beginnen lassen."

„Welchen Film denn, Erika?"

„Einen sehr, sehr schönen Film."

„Aha."

„Komm, lass uns essen."

„Seit wann essen wir denn draußen?"

„Seit heute, Liebling. Die Luft ist doch noch so schön warm."

„Genau, die Luft ist noch so schön warm. Deshalb sollten wir jetzt schnell was essen, damit ich noch ein wenig im Garten schaffen kann. Ein Stück Brot würde mir auch reichen."

„Du bist so gar nicht romantisch, Liebling. Was willst du denn heute Abend noch im Garten schaffen. Weißt du eigentlich, wie spät es ist, da ..."

Gerade in diesem Moment klingelte es. Friedrich öffnete die Tür.

„Liebling, wer ist denn da?", rief ich aus der Küche.

„Es sind ein paar Schüler vom Sonnenschein-Gymnasium. Die haben eine Projektwoche zum Thema ‚Wetter oder Klima – ist es fünf vor oder fünf nach Zwölf?', und die wollen uns deshalb ein paar Fragen stellen."

In diesem Moment stieß ich diesen speziellen Schrei aus, den sonst nur unsere Tochter Linda beherrschte.

„Ich glaube, das passt jetzt so gar nicht."

Die Kinder gingen. Fünf Minuten später stand die Polizei vor der Tür.

„Guten Abend, ist bei Ihnen alles in Ordnung? Wir haben einen Anruf bekommen", sagte der Polizist.

„Ja, alles o. k.", antwortete Friedrich und drehte sich zu mir um.

„Ja, was sollte schon sein, bei diesem schönen Wetter", sagte ich und biss mir dabei fest auf die Lippen.

Dominoeffekt

Gastautorin: Linda, unsere Tochter. Sie möchte Ihnen mal etwas über den Dominoeffekt berichten. Aber keine Angst, es wird nicht technisch, mathematisch oder sonst irgendwie kompliziert.

Meine Freundin Stina und ich hatten mal wieder Weibernachmittag. Das machten wir ab und zu. Wir trafen uns dann, entweder zu Hause oder in einem Café. Diesmal hatten wir das Café bevorzugt. In unserem Stammcafé gab es immer so leckeren Kuchen, wie von meiner Mama gemacht. Und das hieß schon was. Aber bevor ihr alle meiner Mama die Bude einrennt, höre ich jetzt hier lieber auf zu schwärmen.

Ich war nie so ein extremes Modepüppchen und ich wollte auch nie irgendwo meine neue Sonnenbrille präsentieren oder mich über eine Handtasche oder besondere „In-Kleidung" definieren. Natürlich mochte ich es auch, mich für besondere Anlässe mal ein wenig aufzuhübschen, aber im Alltag war mir der neueste Trend in der Mode relativ egal. Ich war vielleicht schon ein wenig alt-backen, aber es gefiel mir. Stina war ähnlich ge-polt, deshalb verstanden wir uns auch so gut. Wir mussten beide nicht gesehen werden. Wir wuss-ten, wer wir waren und was wir konnten. Diese spießige Haltung reichte uns.

Wir saßen also ganz gemütlich in unserem Café und sprachen über Donald und die Welt. Und ob-wohl wir im Café saßen, wurden wir regelmäßig durch das Hupen der Autos gestört. Also nicht, dass die Autos ins Café fuhren, nein, es war kein „Drive-in" und es war auch kein direkter Café-parkplatz vor der Tür, sie hupten einfach so laut und ausgiebig auf der Straße, dass wir teilweise unsere eigenen Worte nicht verstanden, obwohl die Fenster und Türen im Café geschlossen waren.

„Das ist ja fürchterlich laut. War das immer so, Stina, oder sind meine Ohren heute besonders empfindlich?", fragte ich in einem leicht schreien-den Ton.

„Nee Linda, die Autofahrer haben heute wohl alle einen an der Waffel oder die sind alle ver-strahlt oder sonst was. Ich weiß gar nicht, warum man ständig hupen muss, und ich hab' das Gefühl, dass das jeden Tag mehr wird. Schau doch mal raus. Siehst du auch nur einen Grund, warum die hupen müssten?", fragte Stina und bewegte dabei ihren Kopf von links nach rechts. Sie sah dabei aus wie eine Zuschauerin im Tennisstadion.

„Also, ich sehe nichts."

Ich schaute auf die Uhr und bemerkte, dass es schon ziemlich spät war.

„Du, ich muss los. Lass uns mal bezahlen und dann gehen."

Genau das taten wir dann auch. Nach dem Bezahlen zogen wir unsere Jacken an und verließen das Café.

Kaum waren wir auf der Straße, da vernahmen wir auch schon wieder dieses permanente Hupen der Autofahrer. Und jetzt in voller Laufstärke ohne die Fensterdämmung. Natürlich hupte keiner wegen uns. Leider.

„Schau mal, Linda, der schwarze Kombi hat gerade die Oma angehupt, die mit ihrem Rollator über den Zebrastreifen ging. Eigentlich müsste man sich ja das Kennzeichen von solchen rücksichtslosen Idioten merken und die Polizei informieren."

„Ja, wahrscheinlich brauchst du dann aber Ton- und Bildaufnahmen. Und ob die dann vor Gericht als Beweismittel zugelassen sind, das glaube ich nicht."

„Na, dein Crashkurs in Recht hat sich ja richtig gelohnt, Linda."

Ich schaute Stina an und wir mussten lachen.

Wir gingen ein paar Meter geradeaus auf dem Fußweg und mussten dann links abbiegen. Vor uns ging ein junges Mädchen, so ungefähr 17 Jahre alt, mit Stöpseln in den Ohren. Sie war so vertieft in ihre Tippmaschine, dass sie nicht hörte, wie der silberfarbene Mittelklassewagen seitlich hinter ihr hupte, als sie plötzlich in einer Einfahrt stehen blieb. Der Fahrer hupte erneut, oder ist es eigentliche das Auto, das hupt? Über die Frage muss ich mal nachdenken, wenn ich Zeit und Muße finden, mich mit so tiefergehenden Dingen zu beschäftigen. Na, jedenfalls hupte der Fahrer sehr lange. Irgendwann zuckte sie zusammen und schaute hoch, sah das Auto an und ging weiter. Jegliche menschliche Reaktion, so wie ich sie von früher kannte, fehlte bei ihr. Ja, und da war es auch schon passiert. Sie lief mit voller Wucht gegen eine Leiter, die auf dem Fußweg stand. Auf dieser Leiter stand ein Handwerker. Die Leiter schwankte von links nach rechts und kippte dann schließlich um. Der Handwerker landete auf dem Griff eines Kinderwagens, der von einer jungen Mutter geschoben wurde. Um genau zu sein, geschoben wurde dieser Kinderwagen in diesem Moment eigentlich nicht, denn die Mutter suchte wohl etwas in dem Netz, das an den Griffen angebracht war. Dabei sah es zusätzlich noch so aus, als hätte sich das Kabel ihrer Tippmaschine in dem Netz verfangen.

Der Kinderwagen wackelte heftig und kippte nach vorne über um. Die Mutter schrie, als sie sah, dass ihr Kind aus dem Kinderwagen geschleudert wurde. Das Kind flog ungefähr drei Meter durch die Luft und landete auf den Fahrradweg.

Ein Radfahrer, der gerade kam, natürlich auch mit Stöpseln in den Ohren, konnte kaum noch bremsen. Er rutschte auf die Straße. Autoreifen quietschten. Autos hupten. Warum hupten die einen Verletzten an?

Wir sahen uns an. Unsere Münder standen offen.

Das junge Mädchen bekam von alledem nichts mehr mit. Sie war bereits weitergegangen, gleich nachdem sie gegen die Leiter gerannt war. Die Ohren weiter verstöpselt und weiter völlig reaktionsfrei.

„Ich ruf die Polizei und den Krankenwagen", rief ich.

„Mein Kind, was ist mit meinem Kind?", schrie die junge Mutter hysterisch.

Das Kind lag stumm auf dem Radweg.

„Heben Sie das Kind lieber nicht hoch", sagte Stina zu der jungen Frau, „vielleicht ist was gebrochen oder es ist sonst wie verletzt."

Nach wenigen Minuten waren Polizei und Rettung vor Ort, sicherten die Unfallstelle ab und versorgten die Verwundeten. Der Radfahrer und der

Handwerker sprachen mit den Sanitätern und dem Notarzt. Es sah so aus, als könnten sie Arme und Beine bewegen.

Ein Sanitäter legte eine Decke um die Mutter, die regungslos im Rettungswagen saß. Er sagte ihr, dass das Kind möglicherweise ein oder mehrere Rückenwirbel gebrochen hätte.

Wir standen an der Unfallstelle und uns liefen die Tränen über die Gesichter. Stina zitterte. Ein Rettungssanitäter fragte sie, ob bei ihr alles in Ordnung sein oder ob sie ins Krankenhaus möchte. Sie wollte natürlich nicht ins Krankenhaus.

Der Feierabendverkehr hatte mittlerweile eingesetzt. Die Autos stauten sich an der Unfallstelle. Das Einfädeln auf eine Spur wurde fast immer von egoistischem und aggressivem Hupen begleitet. Die Anwendung eines rücksichtsvollen Reißverschlussverfahrens war hier Fehlanzeige.

Stina und mir ging es wieder besser. Nach einer Weile fanden wir auch wieder zu uns. Die Tränen verschwanden langsam. Die Gedanken erreichten wieder die Gegenwart.

„Du Stina, kennst du den Unterschied zwischen Überfluss und Mangel?"

„Ich versteh' dich nicht. Was hat das hiermit zu tun? Was meinst du?"

„Na, schau dir doch mal die ganzen Autos an. Ich würde sagen, 90 Prozent von denen hupen. Und bei wiederum 99,9 Prozent davon ist das völlig überflüssig und unnötig."

„Was du immer alles berechnest. Und was meinst du jetzt mit Mangel?"

„Ist doch ganz einfach: Wie wäre es, statt ständig zu hupen, einfach mal den Blinker oder die Bremse zu betätigen? Das schont massiv die Ohren der Cafébesucher und der anderen Menschen."

„Hab' ich noch nicht ganz verstanden, deinen Zusammenhang mit dem Mangel?"

„Du musst die Autos mal beobachten. Viele von denen, die hupen, haben keinen Blinker."

„Vielleicht hältst du mich für begriffsstutzig, aber ich verstehe nicht, was du meinst."

„O. k., erinnere dich doch mal an den Fahrer von vorhin, der die Oma angehupt hat. Wenn der nun statt der Hupe, was überflüssig war, einfach mal die Bremse betätigt hätte, dann wäre das für alle entspannter. Der Mangel ist hier die Bremse."

„Ja, da hast du wohl zur Hälfte recht. Der Mangel herrscht aber wohl eher im Kopf dieser Autofahrer. Dabei könnte das Leben so einfach und entspannt sein ..."

„Ich verstehe das einfach nicht. Die Autos sind groß, teuer und mit viel Schnickschnack ausgestattet. Wieso wurden bei vielen dann die Blinker und die Bremse vergessen?"

„Genau. Alles Mängelexemplare. Die Leute kaufen heute aber auch wirklich alles."

Wir mussten laut lachen. Hörten aber abrupt wieder auf, weil wir an das kranke Baby denken mussten.

Plötzlich hörten wir ein „Aua" von der anderen Straßenseite. Wir drehten uns um, schauten uns an und schüttelten unsere Köpfe. Das junge Mädchen, die Auslöserin des Dominoeffektes, war auf der anderen Straßenseite gegen einen Baum gerannt.

„Die Jugend beschädigt noch unsere ganzen Bäume", stellte Stina fest.

„Ja, Baumsterben 4.0", konnte ich nur zustimmend sagen. Gerade in diesem Moment hupte ein Auto neben uns. Wir drehten uns um und wollten gerade wieder …

„Hallo Liebling", sagte Stina, als sie ihren Mann aus dem Autofenster winken sah.

„Du Stina, mit dem musst du wohl mal reden!"

„Das glaube ich auch."

Ansichtssache

Gastautorin: Gisela, meine Schwägerin, Friedrichs jüngere Schwester. Sie schreibt seit einiger Zeit so augenzwinkernde satirische und ironische Artikel für Zeitschriften. Sie versucht es zumindest. Für mich wäre das ja nichts, aber sie liebt es. Ich finde, ihre Geschichte ist schon wirklich so ein wenig ... ach, lesen Sie doch einfacher selber. Aber denken Sie dran, sie mag's gern ein wenig „heftiger". Aber eigentlich ist sie eine ganz Liebe ...

Letztens waren mein Mann und ich auf die Idee gekommen, für ein paar Tage an die Ostsee zu fahren. Wir hatten uns vorgenommen, unsere Gedanken einfach nur mal schweifen zu lassen. Ich wollte noch ein wenig an meinem neuen Artikel arbeiten. Dass es aber mal wieder völlig anders kam, dafür konnte ich nun wirklich nichts. Es gab einfach zu viele optische und akustische Highlights in diesem Seebad ... und ich liebe nun mal das Beobachten anderer Menschen.

Nach ganz entspannter Autofahrt waren wir in dem Seebad in Mecklenburg-Vorpommern angekommen. Wir wollten noch schnell ein paar Lebensmittel einkaufen. Mein Mann sprang, seinem Alter entsprechend, aus dem Auto. Ich blieb sitzen und beobachtete die anderen Kunden beim Einladen sowie beim Ein- und Ausparken.

„Oh, aus Hamburg", sagte ein älterer Mann, als er an unserem Auto vorbeiging. Das konnte ich sogar bei geschlossenem Fenster verstehen.

„Ja, das ist ja schon was ganz Besonderes", sagte ich laut zu mir und musste dabei grinsen. Die Grenze gab es ja nun schon wirklich länger nicht mehr, dachte ich.

Mein Grinsen wurde durch ein halswirbelgefährdendes Kopfschütteln abgelöst, weil ich Frauen sah, die in Trägertops über den Parkplatz liefen, die Arme in typischer Frauenhaltung vor der Brust verschränkt, den Rücken ein wenig nach vorne gebeugt, dem Regen trotzend, und Männer, die mit Regenjacken und Jeans zu ihren Autos gingen. Diese trugen dann meistens nur Sandalen. Die dachten eben mit. Die Socken wären sowieso nur pitschnass geworden. Und manche Männer nehmen ja nur zwei Paar Socken mit in den Urlaub. Sie trugen diese dann zwei Tage von rechts, zwei Tage von links und zwei Tage gar nicht. So bekommt Mann fast zwei Wochen Urlaub mit wenig Kofferinhalt rum. Ich schummelte immer ein paar

Socken mehr in Torstens Koffer, denn ich hatte ihn auch schon mal bei der eben beschriebenen Aktion heimlich beobachtet. Er würde jetzt wieder sagen, das sei ein abgedroschenes Vorurteil, ich hatte aber meine Beobachtungen auf meinem Smartphone als Beweismaterial gesichert. Davon kann ich hier verständlicherweise nicht weiter berichten.

„Das glaube ich nicht", sagte ich mit aufgerissenen Augen, als ich diese Mittfünfzigerin im grauen T-Shirt und grauer Leggings sah. „Wow, ist die mutig. Im Schlafanzug zum Discounter! Oder habe ich da den letzten Modetrend verpasst?"

Wer schon mal Bekleidung aus grauem T-Shirt-Stoff getragen hat, der wird bemerkt haben, dass dieser häufig nicht besonders wasserresistent ist. Was ich sagen wollte, für die durchschimmernde sexy Blümchenunterwäsche war diese Dame in meinen Augen nun wirklich zu alt. Aber das kannte ich ja von meinem Besuch im Fitnessstudio. Seitdem ich da so den einen oder anderen Sportler in grauer Baumwollkleidung beobachten konnte, hatte ich alle grauen Kleidungsstücke aus T-Shirt-Stoff aus meinem Kleiderschrank verbannt. Einmal die Hände gewaschen, nicht richtig abgetrocknet, und die Wasserflecken auf der Hose sehen aus, als hätte man ein Leck im mittleren Körperbereich.

Auf der Fahrt zu unserer Ferienwohnung wollten wir uns noch schnell ein Stück Kuchen kaufen, das in dieser dann genüsslich vernascht werden sollte.

Die Autofahrer in diesem kleinen Seebad und besonders die Gäste, die alle auf den Parkplatz der Konditorei fahren wollten, verschafften uns sofort ein Gefühl von Heimat. Sie hupten, sie drängelten und sie schrien sich an. Das war Hamburg in klein.

Ich hielt kurz an, um meinen Mann aus dem Auto zu lassen. Ja, schon wieder. Da ich mich in der Gegend sehr gut auskannte, wusste ich, dass fünfzig Meter weiter ausreichend Parkplätze zur Verfügung standen.

Nach ein paar Minuten sah ich meinen Einkäufer kommen. An seinem Gesichtsausdruck konnte ich ablesen, dass wieder etwas passiert sein musste.

„Du, wenn ich es nicht genau wüsste, dass die Eier, die im Kuchen sind, von echten Hühnern gelegt wurden, dann könnte man glauben, die aufgeregten Hennen vorm Tresen wollten gerade eben welche legen, um damit sofort einen Blitzkuchen zu backen", sagte er zu mir, als er in den Wagen stieg.

„Welche Hennen? Welcher Kuchen? Und wer will was backen?", fragte ich ihn neugierig und etwas verwirrt.

„Lass es mich mal so sagen. Wir haben Wochenende, in Deutschland haben wir keinen offiziellen Krieg, uns geht es allen relativ gut und die meisten, die in der Konditorei anstehen, sind Urlauber. Ich frage mich ernsthaft, warum sich diese Frauen gegenseitig und, was noch schlimmer ist, die Verkäuferinnen so ankeifen. Und Kuchen war nun wirklich ausreichend vorhanden. Da kann man sich als Urlauber ja nur fremdschämen!"

„Lass uns fahren", sagte ich mit beruhigender Stimme zu meinem aufgeheizten Mann, der mit hochrotem Kopf neben mir saß.

Am nächsten Morgen hatten wir wunderbares Wetter. Knapp 22 Grad. Also ideal für schöne lange und kopffreimachende Spaziergänge.

Ich hörte es hinter uns klingeln. Eine oder besser gesagt zwei Fahrradklingeln wurden immer aufdringlicher. Nicht dass neben uns nicht genug Platz gewesen wäre, um vorbeizufahren. Nein, diese beiden drängelnden und aggressiv klingelnden Fahrradfahrer wollten wohl partout, dass wir auf der Strandpromenade in die Büsche springen. Unsere extreme Verweigerung der verlangten sportlichen Akrobatik führte dazu, dass sie noch provokanter und länger anhaltend klingelten.

„Wir lassen uns nicht terrorisieren. Man darf dem Terror nicht nachgeben, das sagen die doch immer im Fernsehen", sagte ich zu meinem Mann, „auch wenn damit ein anderer Terror gemeint war, aber uns loswerden wollen die doch auch."

Dann fuhren sie endlich an uns vorbei. Sie fuhren so extrem langsam, dass es fast eine artistische Sensation war, dass sie nicht vom Rad fielen.

„Schau mal, die beiden fahren heute bestimmt zum ersten Mal Rad. So unsicher, wie die fahren."

„Du wolltest nicht lästern und beobachten!"

„Wer so penetrant klingelt, der will doch auf sich aufmerksam machen", sagte ich, „so dick sind wir nun auch nicht. Die konnten doch locker an uns vorbeikommen."

Wir beobachteten die beiden und sahen, dass sie auf der Strandpromenade alle anderen Fußgänger auch wegklingelten oder es zumindest versuchten. Was manche so unter entspanntem Urlaub und schönen Fahrradtouren verstanden, war schon sehr speziell.

Und gerade in diesem Moment kam der Hinweis über die Lautsprecher auf der Strandpromenade, dass Radfahren auf eben dieser nicht erlaubt sei. Wir mussten laut lachen. Die Personen, die hinter uns gingen, schlossen sich unserem Lachen an.

„Tja, die im Unrecht sind, klingeln immer am lautesten", sagte mein Mann.

Ich nickte.

„Komm, lass uns doch ein paar Minuten hinsetzen", schlug ich vor.

„Gute Idee. Lass uns Radfahrer beobachten."

Kaum hatte Torsten das ausgesprochen, da kamen sie schon.

„Justin, nun komm. Wir müssen noch nach …", schrie eine Frau, die wahrscheinlich die Mutter von Justin war, der mit seinem Kinderrad trödelte.

„Was hast du gesagt", brüllte ein Radfahrer seine Frau an, die zehn Meter vor ihm fuhr, gerade als er an uns vorbeiradelte, mit einer Stimme, die an ein quietschendes Sofa erinnerte.

So ging es noch etliche Male weiter.

„Liebling, wir hätten dieses Gebrüll, Geschrei und wie immer man es nennen will, mal aufnehmen sollen", schlug ich meinem Mann vor.

„Was willst du denn damit?", fragte er.

„Sammeln und als Klingeltöne teuer verkaufen. Zum Beispiel wäre Justin dann der Klingelton von Buhne 14 und so weiter."

„Liebling, du hast sie nicht alle!"

„Stimmt. Da kommt schon der nächste potenzielle Ton …"

„Also, wenn ich Ohrenarzt wäre, hier hätte ich Visitenkarten verteilt", sagte Torsten und dabei liefen ihm vor Lachen schon die Tränen über das Gesicht. Manchmal waren wir richtig alberne und lästernde Urlauber. Aber genau das macht das Leben doch lebenswert. Oder?

Neben unseren Radfahrerbeobachtungen stellten wir fest, dass mindestens fünfzig Prozent der Personen hier gekleidet waren, als wären sie gerade aufgestanden. Jedenfalls zeigte diese zum einen Teil viel zu enge, zum anderen Teil ausgewaschene Bekleidung ganz hervorragend die Wohlstandsernährung. Oder anders ausgedrückt, die Leibesfülle einiger Zeitgenossen suchte an allen möglichen Bekleidungsöffnungen einen Fluchtweg.

„Weißt du, warum die Menschen hier immer ihre ganzen körperlichen Geheimnisse so ungehindert preisgeben?", fragte ich meinen Mann.

„Nee, weiß ich auch nicht. Ich habe nur bemerkt, dass ab zwanzig Grad bei vielen der Sommer ausbricht und da lassen sie viele Bekleidungsstücke einfach mal so weg. Das Entscheidende ist aber, die vergessen, dass nicht jeder das sehen möchte und es nicht überall angebracht ist."

„Mir ist ja völlig egal, was die tragen, aber dass die sich so vorteilhaft gekleidet finden … Vielleicht haben sie auch keinen Ganzkörperspiegel, wer weiß. Es gibt doch so viele Modezeitschriften, die schöne, tragbare und günstige Mode für alle Größen zeigen."

„Du, das bringt aber nichts, wenn die Leute die Kleidung in einer zu kleinen Größe kaufen oder die zu heiß gewaschenen T-Shirts anziehen."

„Ja, da hast du wohl recht. Wie sehe ich eigentlich von hinten aus. Schau doch mal."

„Na ja, du siehst aus wie ..."

„Wie was?"

„Wie Schwarzwälder Kirschtorte in einem zu engen Tortenring."

„Rrrh."

Wir gingen noch schnell im Supermarkt etwas einkaufen. Wir stellten uns an einer Kassenschlange an und waren so vertieft in ein Gespräch, dass wir gar nicht bemerkten, wer die ganze Zeit vor uns stand. Ich schätzte, dass die Frau so um die 45 Jahre alt war, also einige Jahre jünger als ich. Sie trug ein pinkfarbenes Trägertop. Drei Konfektionsgrößen größer und das T-Shirt hätte auch gepasst. Aber das Thema hatten wir ja gerade eben.

„Pass auf! Nicht so dicht", schrie ich meinen Mann an, der mich ganz erschrocken ansah, „schau dir mal die Arme der Frau an. Das sind doch alles aufgekratzte Pickel oder Mückenstiche. Oder meinst du, das ist was Ansteckendes? Krätze ist doch auch wieder aktuell, habe ich gehört. Wollen wir uns an einer anderen Kasse anstellen?"

„Wir sind ja gleich dran", sagte er leise zu mir.

Ich schaute mir die Frau nun genauer an. Sie trug beigefarbene Shorts. Ich musste kurz überlegen, aber diese Art, eine kurze Hose zu tragen, hatte ich noch in keinem etablierten Modemagazin oder bei irgendwelchen Prominenten oder Influencern gesehen. Die Hose war so eng, dass sie förmlich von ihrem Hintern aufgesogen wurde.

Wie unbequem und einengend musste das sein? Welche biologischen Mikroprozesse sich nun gerade zwischen dem eingeklemmten Hosenstoff und dem Hintern abspielten, das wollte ich dann doch lieber nicht so genau wissen.

Als großes Mädel musste ich anmerken, dass das Tragen so enger Hosen auch ein wenig schmerzhaft sein konnte.

Ich erwischte mich dabei, dass ich automatisch auch so eine verkrampfte Haltung annahm, obwohl meine Hose ganz bequem war.

„Haben Sie Schmerzen", sagte die Kundin, die hinter mir in der Warteschlange stand.

„Nein, alles o. k.", antwortete ich und bemerkte dabei den Blick von Torsten, dem die Situation sichtbar mehr als peinlich war.

„Torsten, schau mal, die Schuhe der Frau sind doch viel zu klein", bemerkte ich.

„Liebling, die wartet hier schon so lange in der Schlange, da sind die Füße in der Zwischenzeit wahrscheinlich so gewachsen", fügte Torsten schmunzelnd hinzu.

Ich liebte diesen Mann für seinen schlagfertigen Situationshumor.

Wir bezahlten und verließen den Supermarkt. Mich schüttelte es, wenn ich an die offenen Stellen und die anderen Prozesse der Frau dachte. Ich hatte letztens gerade einen Bericht über die Übertragung von Hautkrankheiten in Fitnessstudios gelesen. Ich musste hier raus. Aber es sollte gleich das nächste Highlight folgen.

Vor uns gingen jetzt zwei Personen. Ein Mann und eine Frau. Beide waren so Mitte sechzig. Beide trugen einen weißen Schlapphut, der gut gegen die Sonne war. Beide trugen alte, ausgewaschene T-Shirts. Beide waren gut genährt. Beide trugen dreiviertellange Hosen und selbstverständlich Socken in ihren Sandalen. Beide trugen einen Rucksack.

„Du, drehen die hier einen Film?", fragte ich meinen Mann.

„Wo drehen die hier einen Film?", fragte Torsten und schaute sich um.

„Vor uns, Torsten."

„Ich sehe nichts."

„Na, die beiden da mit den Schlapphüten, die sehen aus wie Schauspieler."

„Das sind Touristen, Liebling. Es haben ja nicht alle so eine Beraterin wie ich. Übrigens, du wolltest doch nicht mehr über andere reden, Liebling."

„Ich habe nur eine Beobachtung geschildert und daraus eine Frage formuliert."

„Na, jetzt wirst du aber formell. Da das hier nicht Hamburg ist, denke ich, dass hier kein Film gedreht wird."

„Dann muss ich sachlich feststellen, dass die beiden einen anderen Kleidungsstil bevorzugen als wir."

„Da hast du vollkommen recht. Liebling, das ist deren Geschmack und die beiden sind wahrscheinlich im Urlaub."

Als wir unmittelbar hinter den beiden waren, wurden wir Lauschzeugen dieser faszinierenden Sprache aus Deutschlands Westen.

„Liebling, dat wir dat noch erleben durften. Dat is Wahnsinn!", sagte ich schmunzelnd zu meinem Mann in gebrochenem Westdeutsch.

„Du sprichst westliche Fremdsprachen?", fragte er lachend.

„Ein wenig. Weißt du noch, als meine ausgewanderte Ruhrpott-Familie vor ein paar Jahren bei uns zu Besuch war. Eigentlich sind das ja alles Norddeutsche, aber die haben alle in den letzten Jahrzehnten echt perfektes Westdeutsch gelernt."

„Ja, und dein Cousin war auch kurz davor, sich einen weißen Hut aufzusetzen. In seinem Auto habe ich zumindest so ein Modell gesehen."

„Ja, heute hättest du dann gleich ein Selfie von ihm und mir gemacht, stimmt's?"

„Stimmt. Und natürlich auch den Originalton."

„Aber unwahrscheinlich herzlich sind die schon. So ganz anders als wir Norddeutschen, stimmt's?"

„Die haben bestimmt weniger Heizkosten als wir, so warmherzig, wie die sind."

Ab jetzt musste ich mich aber nun wirklich auf meinen neuen Artikel konzentrieren. Wir saßen auf der Terrasse unserer Ferienwohnung. Ich hatte so ein bisschen gearbeitet, als mein Mann meinte, wir könnten doch noch eine Runde spazieren gehen. Ich zog mir meine Schuhe an und losging's.

Wir waren kaum ein paar Meter gegangen da ... ich wollte ja nichts mehr über andere sagen ...

„Du, schau mal. Das glaub' ich jetzt nicht", sagte ich zu Torsten.

„Nein, bitte, bitte nicht", kam es flehend aus ihm heraus, „was siehst du denn jetzt schon wieder?"

„Die beiden da vorn, siehst du die?", fragte ich meinen Liebling, als ich einen Mann und eine Frau sah, die uns entgegenkamen. Er sah aus wie der typische Seebadtourist der Neuzeit. Aber im Einzelnen: Er trug das obligatorische „Der Bierbauch passt hier rein"-T-Shirt, das kurz oberhalb des Hosenbundes endete und durch die konsequente Hohlkreuzhaltung besonders gut zur Geltung kam. Die knielange schwarzkarierte Hose sowie die Latschen an den Füßen, die selbige geschickt in eine V-Haltung brachten, vervollständigten das Bild. Das war aber alles noch nichts im Vergleich zu seiner Begleitung. Ich traute mich gar nicht, diese Frau anzuschauen. Hoffentlich bemerkte sie nicht, wie ich sie anstarrte. Sie trug goldene Sandalen, die besonders schön das Sonnenlicht reflektierten. Ihr Geschmack, aber völlig in Ordnung. Die schwarzen Leggings waren kurz unterhalb des Knies mit schwarzer Spitze abgesetzt. Auch ihr

Geschmack. An den Handgelenken klapperten Goldarmreifen, die passend zu ihren Schuhen ausgewählt waren. Ihr pechschwarzes langes, glänzendes und sehr gepflegtes Haar fiel über ihr T-Shirt. Und genau hier begann das Außergewöhnliche. Aus dieser Entfernung sah es so aus, als hinge ihre relativ üppige Oberweite aus dem T-Shirt. Ich hatte das Gefühl, als fielen mir die Augen aus dem Kopf.

Jetzt waren die beiden fast vor uns. So konnte ich sehen, dass bei ihr nichts aus dem T-Shirt fiel, also nicht so direkt. Ihr T-Shirt hatte genau in diesem Bereich einen beigen oder hautfarbenen Einsatz. So was Spezielles hatte ich noch nie zuvor gesehen. Und genau dieser Einsatz setzte ihre Oberweite ungekonnt und ein wenig ordinär in Szene. Sie konnte wahrscheinlich gar nichts dafür. Wer hat schon einen Spiegel, der zwanzig Meter entfernt steht? Der Designer, der das kreiert hatte, verfügte wohl über einen sehr speziellen Geschmack und hatte seine Models wohl auch nur von Nahem gesehen. Aber von Weitem war das T-Shirt echt ein Hingucker.

„Liebling, bitte sag' mir, wenn ich mich jemals so vergreifen sollte mit meiner Kleidung oder wenn bei mir irgendwo was raushängt, was nicht raushängen sollte."

An diesem Tag hatte ich wohl meine vegetarische Ernährung unbewusst und unabsichtlich unterbrochen, da mein Mund den ganzen Tag vor Erstaunen offen stand und die Fliegen und Mücken so ungehindert Zugang fanden.

Heute war der vorletzte Tag. Morgen ging es wieder nach Hause. Jetzt wollten wir aber erst mal noch was Leckeres zu Mittag essen. Nach dem Essen machten wir noch eine Abschiedstour durch den Ort und sagten der Ostsee „Auf Wiedersehen". Am Strand tummelten sich viele Menschen. Einige Mutige waren im noch ziemlich kühlen Wasser.

Wir gingen langsam nach Hause. Doch dann sah ich sie. Torsten schaute mich von der Seite an, er merkte schon an meiner Körperspannung, dass ich wieder was beobachtete. Noch war er aber still oder er hatte es aufgegeben, mich zu erinnern, dass ich nichts mehr beobachten und auch jegliche Kommentare einstellen wollte.

Ich oder besser gesagt wir sahen eine Frau und einen Mann auf ihren Fahrrädern, zum Leid der hupenden Autofahrer, auf der Straße statt auf dem wirklich sehr gut ausgebauten Radweg fahren.

„Upps, das kenn' ich doch", rutschte es aus mir heraus, und genau in diesem Augenblick schaute mich Torsten so an, als würde er mich am liebsten zum Jupiter schießen.

„Nein, bitte, bitte nicht", flehte er. Dass er dabei nicht vor mir auf die Knie fiel, war seinem Alter geschuldet.

„Du, die trägt das Oberteil, das die immer auf diesen Verkaufskanälen im Fernsehen anbieten."

„Ja, dann lass sie doch."

„Torsten, das ist doch kein Top, sondern formgebende Unterwäsche."

„Ja und?"

„Die macht die kleinen Geheimnisse, die wir Mädels haben, öffentlich."

„Ach, du trägst auch dieses Elastanzeug? Das wusste ich ja noch gar nicht."

„Woher weiß du, dass das aus Elastan ist?"

„Ich kann schweigen, Liebling."

Manchmal war mir mein Mann ein wenig unheimlich. Vielleicht hatte er mich dabei beobachtet, wie ich den Verkaufssender schaute, oder er fand, dass ich so was auch tragen sollte. Das war ja im Prinzip auch egal. Ich wunderte mich nur, warum die Frau nicht ein T-Shirt oder eine Bluse darüber angezogen hatte. Ich hatte immer gedacht, das Ziel formender Unterwäsche sei es, optisch eine bessere Silhouette zu haben. Scheinbar war das nicht immer so. Da musste ich mich wohl besser informieren.

Ihr Mann hatte gleich auf das Elastan verzichtet und fuhr mit freiem Oberkörper. Was sollte er auch tun, für Männer hatte ich dieses formende Teil noch nie gesehen.

„Ich bin ja so froh, dass du nie so durch die Landschaft fährst, Torsten."

„Ich kann rumfahren, wie ich will, Liebling."

„Na dann lauf doch nächstes Mal, wenn wir in Hamburg was zu erledigen haben, halb nackt über den Jungfernstieg. Ich geh' dann allerdings drei Schritte hinter dir."

„Na das ist ja wohl ganz was anderes."

„Ist es nicht, Torsten. Wir sind hier im Stadtbereich, nicht im Strandbereich. Ich finde, dass man sich in der Stadt entsprechend kleiden sollte. Das hat in meinen Augen etwas mit Respekt gegenüber anderen zu tun. Für dich mag das spießig und nicht mehr zeitgemäß klingen. Ich finde es aber schön, sich entsprechend der Situation zu kleiden."

„Ich muss gestehen, dass du ein wenig recht hast. Ein wenig, Liebling."

„Schau mal, die halten beim Café an. Der will sich doch wohl jetzt nicht mit seinem verschwitzten Rücken auf die gepolsterten Stühle setzen. Das ist ja ekelig und mega unhygienisch."

„Wenn ich das jetzt so betrachte, muss ich sagen, dass das wirklich nicht angemessen ist, so bekleidet ein Stadtcafé aufzusuchen. Aber schau mal, der zieht sich jetzt ein olivfarbenes Unterhemd an. Du, das hat aber auch keine Ärmel."

Ich dachte bei dieser Beobachtung an eine Busfahrt im letzten Sommer. Torsten und ich wollten in der Innenstadt etwas einkaufen. Wir nahmen den Bus. Zwei Stationen, nachdem wir eingestiegen waren, stieg ein Mann zu. Er trug ein schwarzes ärmelloses T-Shirt. Es setzte sich von uns hin. Die Schweißperlen auf seiner Schulter fanden ihren Weg in die gepolsterte Rückenlehne des Bussitzes. Sein Körpergeruch veranlasste uns, den Platz zu wechseln.

„Siehste, jetzt verstehst du langsam, was ich meine. Selbst in meinem Fitnessstudio darf man nur trainieren, wenn man T-Shirts mit halbem Arm trägt. Manchmal kommt es eben doch auf die Länge an, Torsten."

Torsten grinste verschmitzt.

Wir waren endlich wieder in unserer Ferienwohnung. Wir mussten noch die Koffer packen, denn wir wollten am nächsten Morgen wieder nach Hamburg zurück.

Die Ferienwohnung neben uns war erst seit gestern belegt. Gesehen hatten wir unsere Nachbarn noch nicht, doch das sollte sich jetzt ändern. Torsten sah sie zuerst.

„Wenn wir noch etwas länger hierblieben, dann hätten wir keine Probleme mehr mit diesen vielen Mücken", sagte mein Sprachwunder.

„Was redest du da für wirres Zeug?", fragte ich meinen sonnenstichgefährdeten Mann gerade in dem Moment, als er mir den Blick auf unseren Nachbarn ermöglichte. Der Nachbar lag mit seiner geschätzt halb so alten Partnerin und einer Kiste Bier auf dem Rasen. Dabei schlug er permanent mit seiner Hand auf seinen voluminösen nackten Bauch, um die Mücken zu vertreiben.

Ich bedauerte erstmals, dass mein Zeichen- und Maltalent nicht besonders stark ausgeprägt war. Wahrscheinlich wäre meine Zeichnung so unscharf geworden, weil so viele Lachtränen auf das Papier getropft wären. Es wäre dann ein Aquarell der besonderen Art geworden.

„Liebling, wo hast du denn die Nagelfeile versteckt?", fragte mich mein Mann. Ich drehte mich zu ihm um und erstarrte. Da stand er im Sonnenlicht. Mein Mann in seinem weißen Unterhemd. Und ich sah alles. Seine aufgekratzten Mückenstiche, die Auswirkungen des einen oder anderen Biers, die Folgen der leckeren Sahnetorte, und ich stellte fest, dass auch er perfekt die Hohlkreuzhaltung beherrschte.

„Im Schlafzimmerschrank, neben deinen luftigen Kurzarmhemden", sagte ich zu ihm und hoffte, er hätte meinen augenzwinkernden Wink verstanden.

Warum in die Ferne schweifen, wenn die guten Beobachtungen doch so naheliegen, sagte ich zu mir und strahlte meinen Torsten an.

Sein Dackelblick sagte mir, er verstand nichts. Gut so!

Nach dieser Beobachtung war ihm ein ganzer Artikel sicher. Ganz sicher.

Steingarten

Gastautorin: Linda, unsere Tochter. Sie war vor einiger Zeit auf einem Klassentreffen. Mit Mirja war sie früher sehr eng befreundet, so wie Mädchen es eben sind. Mirja erzählte nun, dass sie seit ungefähr drei Monaten wieder in Hamburg lebt. Aber lesen Sie doch einfach selbst.

D as Klassentreffen vor drei Wochen war wirklich schön, anstrengend, überraschend und doch so vertraut.

Mit ein paar Leuten aus meiner alten Klasse hatte ich mich ja immer mal wieder getroffen. Mit zwei Mädels war ich bis heute gut befreundet.

Manch eine oder einen erkannte ich kaum wieder. So alt waren wir ja noch gar nicht, aber manche sahen schon wirklich verlebt aus.

Nach der ersten großen Wiedersehensfreude saßen wir in unserer alten Mädchengruppe zusammen. Von uns sechs hatten drei bereits Kinder, die anderen zwei wollten noch warten. Jessica sagte, dass sie nie Kinder haben wollte. Wir verstanden das zwar nicht, akzeptierten es aber. Nach ungefähr einer Stunde saß ich mit Mirja allein am Tisch. Mirja war früher meine beste Freundin. Wir verstanden uns damals blind. Unsere Eltern waren durch uns auch miteinander befreundet. Mirjas Eltern tickten so wie meine.

Ich wusste noch, wie wir damals in einem Werbeprospekt irgend so ein T-Shirt sahen. Da das Taschengeld bei uns beiden natürlich nicht zum Kauf ausreichte, starteten wir beide parallel bei unseren Eltern diese theatralische „Ich brauch dringend dieses T-Shirt"-Aktion. Und es funktionierte natürlich auf Anhieb. Ich hätte Schauspielerin werden sollen. Talent war da.

Wir beide sahen damals nicht nur optisch extrem gleich aus, wir hatten auch einen sehr ähnlichen Modegeschmack. Auch unsere Schulsachen waren fast immer identisch, auch wenn wir uns mal nicht vorher abgesprochen hatten.

„Du Linda, wir wohnen ja seit Kurzem auch wieder in dieser Gegend. Mein Mann hat einen super Job hier in Hamburg bekommen. Da mussten wir einfach wieder hierherziehen", sagte Mirja.

„Ja klar, das verstehe ich. Habt ihr denn eine schöne Wohnung gefunden?", fragte ich, nicht im Geringsten ahnend, was ich damit auslösen sollte.

„Eine Wohnung, nein, wir haben ein drei Jahre altes Haus gekauft und ein wenig umgebaut."

„Ein Haus?"

„Ja. Es ist wunderschön geworden. O. k., es ist noch nicht ganz fertig. So ein paar Kleinigkeiten müssen wir noch machen, aber es ist wirklich schön."

„Du warst doch nie so für Haus und Garten. Was hat dich denn so umgestimmt?"

„Mein Mann hat gesagt, dass man ab einer gewissen beruflichen Position auch ein Haus braucht."

„Aha."

„Kommt uns doch mal besuchen. In zwei Wochen habe ich ja Geburtstag. Ich zähl' auf euch. Um 11:00 Uhr gibt es Brunch."

„Ich ...", mehr konnte ich nicht sagen, weil die anderen plötzlich tanzend um uns herumstanden.

Zwei Wochen später fuhren wir tatsächlich zu Mirjas Geburtstag. Mein Mann sträubte sich anfangs ein wenig, ich wandte hier aber geschickt eine meiner Mädels-Techniken an und schon konnte er nicht mehr zurück. Die Kinder lieferten wir bei meinen Eltern ab.

Als wir die Straße, in der Mirja und ihr Mann wohnten, entlangfuhren, fanden wir die Hausnummer nicht. Alle Häuser, die infrage kamen, hatten nicht die gesuchte Nummer. Ich muss dazu sagen, dass ich nur bei Häusern nach Hausnummern schaute, die ich optisch ansprechend fand. Mirja und ich hatten ja schließlich immer den gleichen Geschmack. Hatte ich vielleicht die falsche Hausnummer aufgeschrieben?

„Schau mal, Süße", sagte mein Mann, „das da hat die Hausnummer 27."

„Das glaube ich nicht", sagte ich fassungslos.

„Ich dachte, ihr seid euch immer so ähnlich gewesen?", sagte mein Björn und musste dabei so grinsen, dass er gleichzeitig niesen musste. Das hatte er immer, wenn er dieses merkwürdige Grinsen aufsetzte. Ja, so ein kleines Mängelexemplar war er schon, mein Mann.

Das Haus war weiß und hatte anthrazitfarbene Fensterrahmen. Die Eingangstür war riesengroß und in der gleichen Farbe wie die Fensterrahmen, das konnten wir schon im Vorbeifahren und beim Einparken sehen.

Wir stiegen aus und gingen die wenigen Meter zum Haus. Der Zaun war bestimmt zwei Meter hoch. Er bestand aus schwarzen, vertikalen Eisenstäben, die oben und unten durch ebenso schwarze Querstäbe verbunden wurden. Die Krönung, und das meinte ich wortwörtlich, waren die goldenen Abschlüsse auf den Eisenstäben. Das sah so übertrieben und unpassend aus und ich konnte nicht glauben, dass meine ehemals beste Freundin hier wohnte.

Kaum hatten wir das Grundstück betreten, sahen wir sie schon auf uns zukommen. Erst jetzt nahm ich die Säulen am Eingangsbereich wahr. Säulen, die aussahen, als seien sie einer Filmdekoration entsprungen. Sie waren rund, hatten einen Durchmesser von geschätzten 30 Zentimetern und waren in Marmoroptik.

„Schön, dass ihr da seid", sagte sie mit einem Strahlen im Gesicht und stolperte dabei fast die Stufen herunter.

„Ja, wir freuen uns. Ach ja, herzlichen Glückwunsch zu deinem Geburtstag", sagte ich, umarmte Mirja dabei wie früher und stellte ihr kurz Björn vor.

„Von mir auch alles Gute", sagte mein Mann und übergab ihr den Blumenstrauß.

Im Inneren des Hauses und auf der Terrasse hörten wir schon einige Gäste.

„Linda, Linda", rief eine Stimme, die ich irgendwoher kannte.

„Hallo, ihr zwei", sagte ich freudig, als ich Mirjas Eltern begrüßte.

Nach einem kurzen Small Talk gingen wir auf die Terrasse.

„Du, Björn, hast du gesehen, dass die gar keine Pflanzen vor dem Haus haben. Nicht mal ein grüner Busch oder ein paar Blumen", sagte ich irritiert.

„Ist mir auch aufgefallen. Hier ist nichts Heimisches. Das ist ein total steriler und dunkelgrau gepflasterter Vorgarten."

Die Stunden vergingen. Ich musste irgendwann mal auf die Toilette. Und da die Gästetoilette im Erdgeschoss besetzt war, sagte mir Mirja, dass im ersten Stock noch das Badezimmer wäre. Ich ging nach oben. Besonders groß war es nicht, aber im Gegensatz zum Vorgarten sah es belebt aus und es hatte ein Fenster, aus dem ich kurz hinausschaute. Was ich draußen sah, das glaubte ich nicht. Aber dazu später mehr.

Ich drehte mich um und mein Blick fiel auf die Badewanne und den Duschvorhang. Was war das? Was oder wer lag da in der Badewanne? Mir lief es heiß und kalt über den Rücken. Ein Gefühl, das ich kannte. Früher, als mein Bruder und ich noch Kinder waren, durften wie freitags immer den Krimi um Viertel nach acht im Fernsehen sehen. Die Nächte danach waren dann immer besonders schlimm und unheimlich. Wenn ich mal auf die Toilette musste, wartete ich dann immer so lange, bis es wirklich nicht mehr ging. Dann schlich ich mich vorsichtig ins Bad und schaute hinter den Duschvorhang, ob da vielleicht der Mörder wartete oder eine Leiche versteckt war. Und genau diese Situation erlebte ich jetzt. Was schaute denn nun hinter dem Duschvorhang hervor? Langsam, ganz langsam schob ich den Vorhang zur Seite. Puh, es war kein Lebewesen und auch keine Leiche dahinter zu finden. Es waren Flaschen in unterschiedlichen Farben, Formen und Inhalten.

„Mirja, was liegt denn da in eurer Badewanne?", fragte ich meine Freundin, als ich wieder unten angekommen war.

„Das sind Getränke, die gekühlt werden sollen."

„Habt ihr keinen Kühlschrank?"

„Doch, der ist aber schon voll."

„Dann pack' die Flaschen doch in den Keller. Im Wasser lösen sich doch die ganzen Etiketten."

„Wir haben keinen Keller, Linda."

„Ihr habt keinen Keller?"

„Nein, ein Haus mit Keller wäre viel zu teuer gewesen. Und den sieht doch auch keiner."

Ich konnte nichts mehr antworten. Mir fehlten die Worte. Meine ehemals beste Freundin war scheinbar eine Repräsentationsqueen geworden. Das hätte ich nie von ihr gedacht. Wirklich nie!

Die Feier ging dem Ende zu. Wir verabschiedeten uns und gingen zum Auto. Zum Glück konnte man vom Haus unser Auto nicht sehen. Sonst wäre sicherlich aufgefallen, dass wir mindestens noch eine halbe Stunde im Auto saßen, bevor wir endlich losfuhren.

„Du, das soll deine beste Freundin von früher sein? Da hat sich aber einer von euch um 180 Grad verändert."

„So war sie früher nicht. Gartenarbeit mochte sie noch nie, aber deshalb alles zupflastern? Wie oft haben wir früher im Keller bei unseren Eltern gespielt. Das Haus ihrer Eltern war genauso komplett unterkellert wie das von meinen."

„Wo stellen die denn bloß die ganzen Sachen hin? Wir haben doch so viel im Keller stehen."

„Die ist doch so bodenständig aufgewachsen. Warum findet sie jetzt diesen oberflächlichen Lebensstil so gut?"

„Hast du eine Garage gesehen?", fragte Björn.

„Stimmt, die fehlt auch. Ihr schwarzer SUV parkte unter solchen Holzlatten."

„Linda, das sind keine Holzlatten. Das soll mal ein Carport werden. Übrigens, ein Carport ist natürlich billiger als eine Garage."

„Und weiß du, warum die diese Holzlatten haben und keine Garage, Björn?"

„Sag es mir."

„Weil man in der Garage ihren SUV nicht sehen würde."

„Ja klar, wie konnte ich daran nicht denken. Sehen und gesehen werden, das alte Spiel, ist für die beiden ja scheinbar so wichtig."

„Die haben keinen Keller, keine Garage, aber Säulen vor dem Eingang und Goldknöpfe auf dem Zaun, und das in dieser stinknormalen, leicht spießigen Rotklinker-Wohngegend. Wenn das nicht alles so unnatürlich billig und künstlich aufgesetzt aussehen würde, könnte man denken, dass Haus stehe in einem ‚1000-und-eine-Nacht'-Land. Weißt du, was ich aus dem Badezimmerfenster gesehen habe?"

„Mach es nicht so spannend, Linda."

„Einen automatischen Rasenmäher."

„Nein!"

„Doch, der fuhr da rum."

„Die haben so ein kleines Grundstück und da können sie nicht mal den Rasen per Hand mähen? Die Rasenfläche ist doch so klein, da würde doch auch eine Nagelschere reichen."

„Du hast Ideen. Aber das stimmt. Die würde reichen. Für uns hat doch Gartenarbeit immer was Entspannendes. So was zum Stressabbauen. Deshalb hatten wir uns doch für ein Haus und gegen eine Eigentumswohnung entschieden."

„Nicht nur das, Linda, auch zum Kalorienabbauen."

„Ja, ich finde, du solltest auch mal wieder ein wenig mehr im Garten aktiv werden, Liebling."

„Willst du damit sagen, dass ich zu dick bin?"

„Nee, Björn. Du bist gerade richtig so."

„Und warum guckst du mich dabei so merkwürdig an?"

„Ich schaue dich nicht merkwürdig an. Ich denke nur, dass dir Gartenarbeit nach einer nervigen Arbeitswoche und der heutigen Veranstaltung guttun würde."

„Du meinst, dass ich dann wieder geerdet werde und die ganze andere Psychoschiene. Ich glaub', ich werde dann wirklich mal wieder in den Garten zum Graben gehen. Das ist besser, als wenn du noch weiter in meinem Inneren herumgräbst."

Ich musste lachen. Männer sind echt leicht zu beeinflussen.

„Du Linda, ich kenn' deine alte Freundin ja nicht so gut, das heißt, eigentlich kenne ich sie ja gar nicht, aber ich glaube, die lebt in einer anderen Welt. Wahrscheinlich haben sie alles auf Pump gekauft. Eigentlich will ich da auch lieber nicht drüber nachdenken."

„Oder alles kommt vom Discounter und die beiden haben die Markennamen überklebt."

Laut lachend und kopfschüttelnd fuhren wir los. Manchmal kommen wir zwei einfach vom Hundertsten ins Tausendste und malen uns Geschichten aus wie Kinder. Das war genau das, was ich an Björn so mochte. Er war genauso verdreht und kindlich im Kopf wie ich. Natürlich konnten wir diese Seite nur ausleben, wenn unsere Kinder nicht dabei waren. Und die waren ja bekannterweise bei meinen Eltern. Wir hatten also noch den ganzen Abend Zeit für uns, zum Lästern und Geschichtenerfinden.

„Du, Björn, auch wenn du nicht so eine super Position hast wie der Mann von Mirja, ich behalte dich trotzdem."

„Was heißt hier super Position. Ich habe vorhin mit ihm gesprochen. Weiß du, was der macht?"

„Nee, stimmt, danach habe ich Linda gar nicht gefragt. Er ist bestimmt Leiter von mindestens 100 Leuten – oder reist ständig um die Welt und hat selbstverständlich Prokura, stimmt's?"

„Na da irrst du dich aber gewaltig. Er ist Ange-stellter in einem 50-Mitarbeiter-Unternehmen."

„Was? Und was ist da der super Job?"

„Du, super ist relativ. Er hatte bis letztes Jahr in Delmenhorst einen befristeten Arbeitsvertrag. Und dieses Jahr wurde der dann in einen unbefristeten Arbeitsvertrag umgeändert mit der Auflage, in die Hamburger Außenstelle zu wechseln."

„Das glaube ich nicht."

„Doch, genauso hat er mir das erzählt. Du, Lin-da, mir geht der automatische Rasenmäher einfach nicht mehr aus dem Kopf. Wenn wir uns so einen kaufen, dann können wir doch die gewonnene Zeit zur Beantwortung unserer E-Mails nutzen. Unsere Rasenfläche ist doch auch bestimmt viermal so groß wie die von Mirja."

„Du willst einen automatischen Rasenmäher haben? So ein Ding, das einen total faul und träge macht? So ein Ding, das das Bauchfett wachsen lässt? Warum wolltest du denn einen Garten ha-ben, wenn du keine Lust hast, darin zu arbeiten?"

„Ich dachte ja nur, dass wir dann mehr Zeit für andere Sachen wie die PC-Arbeiten hätten."

„Welche PC-Arbeit hast du denn als Privat-mann? Die paar E-Mails, die macht man doch ne-benbei. Also von meinen paar E-Mails sind be-stimmt 70 Prozent Werbung. Die schau ich gar nicht erst an und den Rest nur mit einem Auge. Wieso hast du so viele E-Mails?"

„Ich hab' auch nicht so viele E-Mails. Ich lese die nur alle. Könnte ja ein total wichtiges und günstiges Angebot darunter sein."

„Die liest diesen ganzen Schwachsinn? Du opferst deine Freizeit für so einen Mist? Björn, das würde ich niemals machen."

„Du hast also, was E-Mails betrifft, eine Immuntherapie gemacht?"

„Nee, Björn. Ich habe einfach nur ein Gehirn, das funktioniert. Und dieses Gehirn wurde in Zeiten des gesunden Menschenverstands produziert."

„Na, jetzt wirst du aber komisch."

„Überhaupt nicht. Wenn ich mit jemandem reden möchte, dann rufe ich den an, anstatt unendlich oft mit ihm zu mailen oder zu simsen, das ist mir viel zu affig. Einmal anrufen und die Sache ist meistens erledigt und ich habe Zeit, den Rasen mit der Hand zu mähen. Und jetzt kommt's, Liebling, ich spare mir das Geld für das Fitness-Studio. Genial, so ein Gehirn aus Gesunden-Menschenverstands-Zeiten – oder?"

„Und was sagt dein gesunder Menschenverstand, wenn ich jetzt etwas näherkomme?"

„Der sagt dann, noch 12 Stunden, bis die Kinder wiederkommen …"

Wunderbare Nachbarschaft

V or ungefähr fünf Monaten bekamen wir neue Nachbarn. Natürlich standen Friedrich und ich am Tage des Einzugs am Fenster. Rein zufällig, das versteht sich von selbst, und natürlich auch nicht so dicht, dass die Gardinen sich bewegten, aber durchaus so, dass wir alles mitbekamen. Es war wohl ein junges Paar, das dort im Nachbarhaus einzog.

„Schau mal, Friedrich, das ist ein ganz junges Paar mit zwei Kindern. Mehr habe ich bisher nicht entdecken können", sagte ich freudig.

„Kannst du erkennen, ob das Freunde oder Schulfreunde von unseren Kindern sind?", fragte Friedrich.

„Nee, ich glaube nicht. So auf dem ersten Blick kommen die mir nicht bekannt vor. Das hätten die uns doch auch erzählt."

Friedrich verschwand nach dieser ersten Observation wieder im Schlafzimmer. Er hatte da irgendetwas an der Steckdose zu reparieren. Ich stürzte mich wieder auf meine Bügelwäsche. Oder besser gesagt, meine Hände bügelten und meine

Augen waren bei dem Einzug der Neuen. Selbstverständlich hatte ich aus diesem Grund das Bügelbrett ein wenig näher ans Fenster gerückt. Jeder Meter Nähe half mir, zusätzliche Detailinformationen zu ergattern.

Die Wochen vergingen. Die neuen Nachbarn hatten sich in der Zwischenzeit bei uns vorgestellt. Sie sagten, dass sie alle Nachbarn noch zu einer Einweihungsfeier einladen wollten, wenn ihre Küche endlich komplett wäre.

Ende dieser Woche war es dann so weit. Die Feier stand bevor.

„Friedrich, die Neuen waren doch ganz nett, als sie sich damals vorgestellt hatten. Oder fandest du das nicht?", fragte ich.

„Ich hatte die beiden ja nur kurz gesehen. Da wirkten sie ganz sympathisch", antwortete Friedrich.

„Wir müssen jetzt los!"

Im Nachbargarten waren schon 20 bis 30 Personen. Die meisten hielten ein Getränk in der Hand.

„Schau mal Erika, die haben alle Gläser in der Hand. Das liebst du doch so sehr", sagte Friedrich mit diesem ironischen Unterton. Er wusste genau, dass ich diese Mit-Getränk-Rumsteh-Veranstaltungen, und jetzt im wahrsten Sinne des Wortes, nicht ausstehen konnte.

Als unsere neue Nachbarin uns sah, begrüßte sie uns so herzlich, als würde sie uns schon ewig kennen.

„Schön haben Sie es hier", sagte ich.

„Danke", antwortete Frau Lange, so hieß unsere Nachbarin mit Nachnamen, „wir haben viel Wert auf die Innenausstattung gelegt."

„Das sieht wirklich alles schön und ansprechend aus", bemerkte Friedrich.

„Danke, es freut mich, wenn es Ihnen gefällt. Aber neben der Optik war uns auch die Herkunft der Möbel und Ausstattung wichtig. Zum Beispiel möchten wir nicht, dass wir schön wohnen und dafür in anderen Teilen der Erde die Bäume gefällt werden oder Wälder abgeholzt werden."

„Das kann ich gut verstehen. Wir achten auch sehr darauf, dass wir zum Beispiel unsere Lebensmittel möglichst regional und saisonal einkaufen", sagte ich ernst.

„Genau, das meine ich. Nachhaltigkeit, und manchmal ist ein Verzicht auf ein Gemüse durchaus sinnvoll", bestätigte Frau Lange.

„Es tut gut zu hören, dass junge Leute auch so denken", sagte Friedrich.

„Das ist doch selbstverständlich. Wir wollen doch alle nur das Beste für unsere Kinder und Enkelkinder. Wir wollen doch, dass sie respektvoll mit der Natur und Umwelt umgehen. Gesundes Leben ist uns total wichtig", erwiderte Frau Lange.

„Ach, da bist du", rief Herr Lange und kam auf uns zu, „ich möchte dir noch meinen neuen Kollegen vorstellen."

„Gehen Sie nur, Frau Lange", sagte Friedrich.

Die Einweihungsfeier verlief ganz entspannt. So entspannt, dass wir uns kurzfristig wieder absetzen konnten, ohne uns lang und breit verabschieden zu müssen.

„Das waren zwei angenehme und schöne Stunden", sagte ich zu Friedrich.

„Und die Einstellung der beiden ist wirklich bewundernswert", fügte er meinen Worten hinzu.

Wir konnten von unserer Küche und unserem Esszimmer genau auf die Einfahrt der Familie Lange schauen. Die beiden hatten zwei Autos. Beide waren schwarz und relativ neu, soweit ich das erkennen konnte. Sie schien in Teilzeit zu arbeiten, er wohl in Vollzeit.

„Friedrich, weißt du, wo die beiden arbeiten?", fragte ich interessiert.

„Wen meinst du?", fragte Friedrich.

„Die Langes."

„Nee, keine Ahnung."

Frau Lange war immer so 12:30 Uhr wieder zu Hause. Ich konnte das sehen, weil ich zu dieser Zeit fast immer das Mittagessen zubereitete.

„Friedrich, kommst du, das Essen ist fertig", rief ich durch das Haus.

„Sofort, Liebling."

„Das gibt es doch nicht. Kaum ist Frau Lange gekommen, fährt sie auch schon wieder weg", stellte ich fest.

„Führst du Buch über ihre Fahrten?", fragte Friedrich, wieder mit diesem komischen Unterton, den ich nicht mochte.

„Natürlich nicht. Das fällt mir nur auf."

Wir aßen zu Mittag. Als ich das Geschirr wieder in die Küche brachte, war das Auto wieder da. Ich kommentierte das Gesehene nicht weiter.

Ich wollte heute noch Fenster putzen. Als ich das Küchenfenster öffnete, winkte mir Frau Lange freundlich zu. Sie war gerade dabei, mit ihrer Tochter ins Auto zu steigen. Ich putzte das zweite Fenster, als ich das Auto wieder hörte. Frau Lange fuhr auf die Einfahrt. Sie und ihre Tochter stiegen aus. Besonders schnell putzte ich die Fenster nicht, das war doch wohl verständlich.

Gegen 15:30 Uhr tranken Friedrich und ich immer unseren Tee. Das mochte auf der einen Seite als ziemlich eingefahren und altbacken erscheinen, es war aber auch so eine richtig schöne Tradition. Und spießig war das auch nicht. Wir wechselten schließlich jeden Tag die Teesorte.

„Friedrich, jetzt fährt sie schon wieder weg", rief ich aus der Küche.

„Wer?", fragte Friedrich. Ich glaubte, er wollte mich mit dieser Fragerei nur ärgern.

„Frau Lange und ihre Tochter."

„Vielleicht wollen die jetzt zum Einkaufen fahren."

„Ja, vielleicht."

Als ich eine Stunde später wieder aus dem Fenster schaute, war das Auto wieder da. Auch der Sohn lief im Garten herum. Irgendetwas raschelte hinter mir, ich drehte mich um.

„Wie lange stehst du schon da", fragte ich meinen Mann.

„Lang genug, um zu sehen, dass du eine richtig neugierige alte Frau bist", sagte Friedrich zu mir.

„Was? Wie redest du mit mir?"

„Genauso, wie du es verdient hast. Ich sage einfach nur die Wahrheit. Du könntest ohne Probleme die Nachfolgerin von Heidi Kabel im Ohnsorg-Theater werden."

„Nur weil ich mal aus dem Fenster schaue?"

„Du siehst seit Monaten nur noch aus dem Fenster und beobachtest die Langes. Wie eine Mutter, nee, besser gesagt, wie eine Oberglucke. Auch wenn die so alt sind wie unsere Kinder. Es sind nicht unsere Kinder. Und die können kommen und gehen, wann sie wollen."

„Was kann ich denn dafür, wenn sich alles vor dem Küchenfenster abspielt."

„Gar nichts. Aber lass mich mit den aktuellen Berichten ab sofort einfach in Ruhe."

Das war zu viel für mich. So hatte Friedrich noch nie mit mir gesprochen.

Ein paar Tage später erhielt ich eine Einladung zu der Geburtstagsfeier von Frau Lange. Sie schrieb, dass sie alle Nachbarinnen zum Kaffee eingeladen hatte. Das war ja eine wirklich nette Idee. Als ich Friedrich davon erzählte, verschwand er, ohne ein Wort zu sagen, in den Garten. Für sehr lange Zeit.

Zehn Tage später saß ich mit fast allen anderen Nachbarinnen an einer sehr schön gedeckten Kaffeetafel.

„Haben Sie die Kuchen und Torten alle selber gebacken?", fragte ich Frau Lange.

„Ja, ich backe sehr gern", antwortete sie strahlend.

„Frische Erdbeeren gibt es jetzt doch noch gar nicht. Hatten Sie diese eingefroren?", fragte ich und dachte sofort an Friedrich, der mir wieder unterstellen würde, ich sei zu neugierig und bestimmend und solle mich nicht immer in alles einmischen.

„Nein, die sind ganz frisch und kommen aus Spanien", antwortete Frau Lange.

„Ach so", war meine knappe Antwort.

Wir unterhielten uns angeregt.

„Haben Sie sich schon ein wenig eingelebt?", fragte eine Nachbarin.

„Jeden Tag ein wenig mehr", sagte Frau Lange lächelnd.

„Es ist wirklich schön, dass hier alles zu Fuß zu erreichen ist", bemerkte ich. Mit dieser Frage wollte ich erfahren, ob Frau Lange das wusste. Solchen Fragestil hatte ich auch immer bei unseren Kindern angewandt, wenn ich etwas von ihnen herausbekommen wollte.

„Ja, es ist alles in der Nähe."

„Gehen Sie auch immer die Abkürzung durch den Park zum Einkaufen? Der ist ja glücklicherweise sehr belebt. Da braucht man selbst abends als Frau keine Angst haben. Ich habe letzte Woche mal auf die Uhr geschaut, eher durch Zufall als absichtlich. Ich habe sechs Minuten gebraucht, trotz meines Knieproblems", stellte eine andere Nachbarin fest.

„Ich muss gestehen", sagte Frau Lange, „dass ich noch nie zu Fuß zum Einkaufen gegangen bin. Wir nehmen immer das Auto."

„Sie nehmen für sechs Minuten Fußweg das Auto?", sagte eine Nachbarin, hör- und sichtbar entrüstet.

„Ja. Das Tragen ist mir einfach zu schwer", antwortete Frau Lange mit unsicherer und leiser Stimme.

Ich sah, wie alle Nachbarinnen ihre Augen verdrehten und die Augenbrauen hochzogen. Keiner von uns würde jemals mit dem Auto eine so kurze

Strecke fahren. Ganz zu schweigen von der Parkplatzsuche. Um uns da nicht weiter reinzusteigern und um einen Streit zu vermeiden, wechselten wir das Thema.

„Wo gehen Ihre Kinder denn in die Schule", fragte ich.

„Die gehen beide in die Lerchenschule", sagte Frau Lange.

„Da waren unsere auch", sagte ich, „die Schule ist ja schön nah. Da brauchen die Kleinen nicht mal ein Rad."

Ich bemerkte, wie Frau Lange auf dem Stuhl hin und her rutschte.

„Sie haben Ihre Kinder bei diesem Verkehr zu Fuß gehen lassen?", fragte Frau Lange und ich merkte ihr ihren Schock an.

„Früher war nicht so viel Verkehr. Aber mein Mann und ich haben die Einstellung, dass Großstadtkinder sich von klein auf an den Verkehr und die Gefahren gewöhnen müssen, um damit zurechtzukommen."

„Das könnte ich nicht. Ich fahre meine beiden immer morgens zur Schule und hole sie mittags wieder ab. Die schweren Taschen sind doch kaum tragbar."

„Unsere Kinder brauchten immer nur das mitzunehmen, was auf dem Stundenplan stand."

„Unsere auch", sagte Frau Lange, „wir haben aber keine Zeit, den Ranzen jeden Tag umzupacken."

„Keine Zeit?", sagten ich und mehrere andere Nachbarn gleichzeitig. Wir sollten vielleicht mal überlegen, einen Chor zu gründen.

„Richtig, nach der Schule müssen die Kinder noch zur Nachhilfe und zum Musikunterricht."

„Welches Instrument spielen die beiden?"

„Beide lernen Geige."

„Ich habe sie noch nie mit ihren Geigenkästen gesehen", sagte ich und biss mir sofort auf die Lippe. Wenn Friedrich das wieder gehört hätte.

„Die können doch nicht mit ihren Instrumenten auf der Straße herumlaufen. Die Instrumente waren doch viel zu teuer. Wenn bei dem Verkehr etwas passiert. Nein, da fahre ich sie besser. Das ist sicherer."

„Ach so."

Gegen 17:00 Uhr war die Geburtstagsrunde zu Ende.

„Friedrich", rief ich, als ich die Haustür aufschloss.

„Na, wieder da?", antwortete Friedrich, „wie war's?"

„Ganz nett. Backen kann die ja, aber sonst, sonst scheint die ein wenig merkwürdig zu sein."

„Was meinst du mit merkwürdig?"

„Na ja, ich hatte ja schon mitbekommen, dass sie ständig mit dem Auto fährt."

„Ja, das hast du mal am Rande erwähnt."

„Und heute hat sie erzählt, dass sie fast den ganzen Tag ihre Kinder kutschiert und noch nie zu Fuß zum Einkaufen gegangen ist."

„Hat sie nicht auf der Einweihungsfeier etwas von Nachhaltigkeit erzählt und wie wichtig ihr die Gesundheit und Ernährung ihrer Kinder ist?"

„Du hattest das damals auch so verstanden wie ich. Deshalb zuckte ich heute bei ihren Aussagen immer leicht zusammen."

„Du Erika, vielleicht merkt die gar nicht bewusst, wie oft sie mit dem Auto fährt. Und vielleicht weiß sie auch gar nicht, wie viel Dreck so ein Auto in die Umwelt pustet."

„So ein junges Ding und schon so schusselig. Ich muss gleich mal Linda anrufen. Vielleicht kennt sie Frau Lange von irgendeiner Veranstaltung oder aus der Schule."

„Du kannst es einfach nicht lassen."

Ein paar Tage später klingelte es an der Tür. Friedrich stand näher an der Haustür als ich und öffnete diese.

„Hallo", sagte Frau Lange, „wie geht's Ihnen?"

„Gut, danke", antwortete Friedrich.

„Ich habe zwei Gutscheine von dieser kleinen Dorfbühne erhalten. Die spielen ‚Tratsch im Treppenhaus', das Stück, in dem Heidi Kabel im Ohnsorg-Theater so super war. Für meinen Mann und mich ist das nichts. Und da habe ich an Sie gedacht", sagte Frau Lange und schaute mich an, „und sogar Bus und Bahn dürfen Sie kostenlos zur An- und Abreise benutzen. Da haben die vom Theater total umweltfreundlich mitgedacht."

„Oh, das ist ja nett von Ihnen", sagte ich.

„Sehr gern", sagte Frau Lange, „ich geh' dann mal wieder. Tschüss."

Friedrich war nicht mehr zu sehen, aber zu hören. Er lachte laut. Warum nur?

Schulische Gleichung

Ich muss ja zugeben, dass ich nicht mehr so ganz fit bin, wenn es um die unterschiedlichen Schulformen und deren Veränderungen in dieser Stadt geht. Genau das veranlasste mich, meine schulischen Erlebnisse als Oma aus der Jetzt-Zeit aufzuschreiben.

Letztens fragte mich Linda, ob ich Finn, unseren Enkel, von der Schule abholen und mit ihm zum Sport gehen könnte. Ich bräuchte auch nicht dazubleiben und zu warten, ich sollte ihn nur hinbringen. Sie hatte einen Arzttermin und es bestand die Gefahr, dass sie es nicht rechtzeitig schaffen würde, ihn zum Sport zu bringen. Ich freute mich über diesen qualifizierten Arbeitsauftrag und stimmte natürlich zu.

Ich hatte für Lindas Haus einen Schlüssel, sodass ich kurz die Sportsachen herausholte und dann zur Schule ging.

Kurz vor Schulschluss war ich vor Ort. Es klingelte. Die ersten Kinder waren nahezu mit dem Klingeln draußen. Dann kamen etwa 15 Mädchen oder besser gesagt Teenager aus dem Schulgebäude. In diesem Moment glaubte ich, dass mir meine Weitsichtigkeit einen Streich spielte. Es konnte aber auch ein medizinisches Wunder sein, aber welche Frau bekam schon Fünfzehnlinge? Davon hätte ich doch bestimmt etwas gelesen.

Die Mädchen trugen alle die mehr oder weniger gleichen Schuhe. So kleine Treter, ich würde die Turnschuhe nennen. Ein Fußbett hatten die bestimmt nicht. Ich konnte einfach nicht weggucken. Ich war fasziniert von den fünf Zentimeter Haut, die zwischen Turnschuh und Hose zu sehen waren. Obwohl ich nicht mal erkennen konnte, ob das eine echte Hose war oder ob die nur aufgemalt war, so eng waren diese. Vielleicht hatten die Mädels einen Kunstkurs oder sie machten ein Experiment. Mein Blick wanderte weiter nach oben und da sah ich doch tatsächlich einen kleinen Unterschied. Es waren die Beine. Sechs Mädchen hatten so dünne Beine, dass mein Omainstinkt ihnen sofort etwas zum Essen kochen wollte. Bei vier Mädchen dachte ich nur, dass die enge oder auch aufgemalte Hose sehr unvorteilhaft aussah. Die Beine dieser Deerns scheuerten doch beim Gehen ständig aneinander. Der Stoff musste so doch irgendwann durchgescheuert oder die Farbe verwischt sein. Fünf Teenager hatten die Figur von meiner Linda, als die so 14, 15 Jahre alt war. Nicht dass ich eingebildet gewesen wäre, aber Linda hatte wirklich eine gute Figur gehabt. Jetzt allerdings, mit Mitte dreißig, war sie etwas zu dünn. Aber sagen würde ich ihr das nie. Sie empfindet sich immer noch als zu dick. Aber krankhaft würde ich ihre Figur und Einstellung zu dieser und zum Essen noch nicht nennen. Aber ich müsste das im Auge behalten, auch wenn Linda schon längst erwachsen ist.

Mein Enkel war immer noch nicht zu sehen, also konnte ich mich weiter mit dem Beobachten der Mädchen beschäftigen.

Alle Mädels trugen weiße oder hellrosafarbene T-Shirts. Natürlich waren die bei fast allen zu klein. Obwohl, das war nicht der richtige Ausdruck, die waren alle eng oder sehr figurbetonend. Hübsch und kleidend, wie man früher sagte, sah das in meinen Augen nicht aus. Es war fast überflüssig zu erwähnen, dass sie dieselbe Jackenform trugen, nur in unterschiedlichen Farben. Keine in den Farben rot, blau oder grün, es waren schwarze, braune, kakifarbene und ähnlich gedeckte und langweilige Farben für so junge Dinger.

Links sah ich ein paar kleinere Jungen kommen, aber mein Finn war immer noch nicht zu sehen. Also wanderte mein Blick wieder zu den Mädchen, die immer noch am Rande des Schulhofes saßen und standen. Was die am T-Shirt- und Hosenstoff gespart hatten, war an den Tüchern zu viel. Alle Mädels trugen Tücher, die so groß wie Bettlaken waren. Die Farbe der Tücher entsprach den Farben der Bettlaken, die ich von meiner Oma geschenkt bekommen hatte. Es war die gesamte Farbpalette von hellrosa, zartrosa, rosa, altrosa vertreten. Manche hatten auch noch ein dezentes Blümchenmuster. Ich würde so etwas ja nie tragen. Ich war ja Oma und fast 70 Jahre, aber das durch solche Farben und Muster noch zu verstärken, kam nun wirklich nicht infrage. Auch hier keine bunte oder fröhliche Farbe. Diese Rosatöne gingen dann übergangslos in ihre bleich geschminkten Gesichter über. Junge Mädchen haben so schöne und natürliche Haut, warum kleistern die ihr Gesicht so zu? Um das zu sehen, war ich natürlich ein paar Schritte näher an die Gruppe herangegangen. Aber meine Weitsichtigkeit war trotzdem noch ein Vorteil für mich. Und jetzt konnte ich die Haare natürlich auch noch besser sehen. Ich bezweifelte, dass eine von denen in den letzten zehn Jahren beim Friseur gewesen war. Die Haarschnitte, wenn ich das überhaupt so nennen wollte, waren alle gleich. Gleich langweilig. Keiner der Mädels hatte auch nur eine Stufe im Haar. Keines der Mädels trug einen Pony, keines der Mädels hatte lockiges Haar. Alle hatten aalglattes Haar, das einfach nur runterhing. Ich dachte mal, dass einer der Väter, Brüder oder Großväter ein Fallbeil haben musste. Und unter dieses Fallbeil legten sich die Mädchen für einen „Haarschnitt". O. k., ich muss zugeben, dass Locken wie in den Achtzigerjahren des letzten Jahrhunderts nicht mehr in sind und ich weiß natürlich auch, dass nur wenige Menschen richtige

Naturlocken besitzen. Aber so ein paar Wellen wie wir Mädels damals in den Sechzigern …

„Was für ein Fallbeil denn, Oma", sagte plötzlich eine Kinderstimme hinter mir.

„Wie lange stehst du schon da, Finn?", fragte ich erschrocken.

„Einen Augenblick, Oma. Ich wollte dich nicht stören. Du warst so vertieft. Wovon hast du denn geträumt?"

„Schön, dass du da bist, Liebling", sagte ich und drückte meinen Kleinen an mich, „dann lass uns mal los."

Am Sportplatz angekommen tauschten wir die Taschen wie Agenten aus. Ich nahm seinen Ranzen und gab ihm seine Sporttasche.

„So, nun lauf, und viel Spaß, Finn", sagte ich zu ihm.

„Tschüss, Oma", rief Finn mir zu, als er schon am Laufen war.

Ich brachte seinen Ranzen nach Hause. Kaum war ich dort angekommen, kam auch schon Linda.

„Hallo Mama", sagte sie und fiel mir um den Hals.

„Hallo mein Schatz, ich bin auch gerade erst gekommen", sagte ich.

„Ist mit Finn alles in Ordnung?"

„Alles gut."

„Ich mache uns nur noch schnell einen Tee. Hast du noch etwas Zeit?"

„Ja, klar."

Wir saßen zusammen am Tisch. Linda hatte auch wieder ihre leckeren Kekse aus dem Schrank geholt. Sie backte die immer selbst. Ich erzählte ihr von den Mädels, die wie geklont auf dem Schulhof standen.

„Ja, die habe ich auch schon gesehen. Die stehen nach Schulschluss da immer noch einige Zeit zusammen, weil die alle aus unterschiedlichen Stadtteilen kommen."

„Wieso kommen die aus unterschiedlichen Stadtteilen? Gibt es denn in ihren Stadtteilen keine Schulen?"

„Doch, Mama, aber das ist anders als bei uns damals. Heute fahren die Kinder durch die ganze Stadt, um zu ihrer Schule zu kommen."

„Und was macht diese Schule so besonders?"

„Hier wird wahrscheinlich irgendein Kurs oder Schwerpunkt unterrichtet beziehungsweise angeboten, den die Eltern als ganz wichtig für die Zukunft ihrer Kinder ansehen. Manchmal ist es auch ein Lehrer, der irgendwie in Elternkreisen total ,hipp' oder ,in' ist, und sie schicken deshalb ihre Kinder auf diese Schule."

„Das ist ja der totale Wahnsinn!"

„Die schicken selbst kleine Kinder durch die ganze Stadt. Die Kleinen haben dann gar keine Zeit, sich selbst zu entfalten, eigene Ideen zu sammeln, Neues zu entdecken oder einfach einmal zu sich selbst zu finden. Björn und ich finden, dass die ihren Kindern die unbeschwerte Kindheit rauben."

„Bei euch haben wir uns nicht so eingemischt. Wir vertrauten immer den Lehrern. Nee, Papa und ich hätten euch nie durch die ganze Stadt geschickt. Und schon gar nicht in der Grundschule."

„Tja, viele Eltern meinen, genau zu wissen, was für ihr Kind das Beste ist, obwohl die meisten keine Pädagogen sind oder sich intensiv damit beschäftigt haben."

„Und was haltet ihr von diesem, in meinen Augen, Blödsinn?"

„Gar nichts! Wir halten gar nichts davon. Ich oder wir und ein paar andere Eltern haben aber die Erfahrung gemacht, dass viele Eltern ihr Kind nicht als Kind ansehen, so wie ihr uns angesehen habt. Die sehen ihr Kind als Projekt an, das sie bestmöglich erledigen möchten."

„Wie sich das anhört ... *erledigen*. Das klingt ja fürchterlich."

„Ich weiß zum Beispiel von einer Frau, die ihr Kind per Kaiserschnitt bekam. Nicht weil das medizinisch notwendig gewesen wäre, sondern weil ihr Mann eine Firmenfeier hatte und sie als seine bessere Hälfte dort mit erscheinen sollte. Und da der errechnete Geburtstermin genau mit dem Tag der Feier übereinstimmte, bat sie ihren Arzt, das Kind früher zu holen."

„Armes Kind. Hoffentlich weiß es, dass es ausschlaggebend für die Karriere seines Vaters war."

„Tja Mama, die Zeiten haben sich geändert. Bei manchen Frauen und Männern liegen die Schwerpunkte heute ein wenig anders."

„Du schockierst mich, Linda. Käme das für euch auch infrage?"

„Nein. Wir lieben die Überraschungen im Leben. Die machen das Leben doch erst spannend, bunt und abwechslungsreich."

„Das beruhigt mich. Gehen in Finns Klasse denn auch schon viele Projekte?"

„Ja, ein paar. So wie ich das herausgehört habe."

Es klingelte an der Tür.

„Hallo, Mama", rief Finn, als Linda die Tür öffnete.

„Oma, du bist noch hier, toll", sagte mein Enkel strahlend zu mir, als er mich sah.

Er sprang auf mich zu und schmiegte sich an mich. Wie er sich freute, mich zu sehen, obwohl wir uns erst vor zwei Stunden getrennt hatten, war berührend.

„Finn, pass auf, du machst Oma ganz dreckig."

„Das macht doch nichts, Linda. Nur Projekte wären sauber."

Finn schaute uns fragend an. Wir hatten Tränen in den Augen.

Futterluke

Friedrich und ich reisten früher gern. Wir waren auch schon auf Mallorca. Viel weiter aber nicht. Doch, in Süditalien waren wir mal mit dem Auto, als die Kinder noch klein waren. Das ging so in Richtung „Komm' ein bisschen mit nach Italien"-Feeling, nur unser Auto war dann doch schon ein wenig komfortabler als die Autos in den Fünfzigern.

Selbstverständlich probierten wir auch die Küche vor Ort. Lecker war es schon, aber die Kinder mochten nicht immer alles. Wir kochten deshalb oft ganz einfache Sachen selbst.

Friedrich und ich probierten fast alles. Friedrich aß auch schon mal Schnecken und so was. Davor konnte ich mich allerdings schütteln. Einmal überraschte mich Friedrich mit Gehirn. Überraschend aus dem Grund, weil ich mir mein Gericht schon von der Speisekarte ausgesucht hatte und dann aber ganz dringend, bevor der Ober kam, um die Bestellung aufzunehmen, mal auf Toilette musste. Friedrich hatte dann in meiner Abwesenheit sein Essen ausgesucht und für beide bestellt.

Als der Ober uns die Speisen brachte, ließ Friedrich mich raten, was das wohl auf seinem Teller sei. Ich kam natürlich nicht drauf. Als er mir sagte, das wäre Gehirn, wurde mir so übel, dass ich erneut auf die Toilette musste. Diesmal musste ich rennen. Ich schaffte es gerade noch … den Rest erzähle ich hier lieber nicht.

Als ich in den Speiseraum zurückkam, schaute ich erst mal, wie weit Friedrich mit dem Essen war. Selbstverständlich beobachtete ich ihn von Weitem so, dass er mich nicht sah. Essen konnte ich sowieso nichts mehr.

Ich konnte sehen, wie er das Besteck auf den leeren Teller legte. Puh, dachte ich, er ist fertig. Gemächlichen Schrittes ging ich an den Tisch. Friedrich empfing mich ein wenig besorgt und sagte mir, dass Gehirn eine Delikatesse wäre und dass man sie nur noch ganz selten bekäme. Und Rinderhirn wäre sowieso nicht erlaubt seit dem BSE-Skandal. Ich merkte, wie es in mir erneut hochstieg. Geschickt bat ich Friedrich, doch zu bezahlen.

Nach diesem Essensdrama hatte ich mir vorgenommen, mit Friedrich nur noch in Restaurants zu gehen, die ich vorher im Internet gecheckt hatte. Mit gecheckt meinte ich die Speisekarte und die aktuelle Saisonkarte, die auch mitunter das ein oder andere Gericht enthielt, das meinem Magen nicht so guttat.

Viereinhalb Monate später hatten wir Hochzeitstag. Ich hatte mit vorgenommen, dieses Jahr Friedrich mal zum Essen einzuladen. Ich fand das immer sehr schön und auch so ein wenig romantisch.

Nach meiner Internetrecherche hatte ich ein Restaurant gefunden, das gut erreichbar lag. Es hatte zwar keine Sterne, aber die Internetseite war sehr ansprechend und anwenderfreundlich gestaltet.

Wir zogen unser zweitbestes Zeug an und fuhren los. Mit dem Taxi, das war für uns selbstverständlich. Wir würden sicherlich etwas trinken und mit Alkohol im Blut fahren wir kein Auto. Wenn da was passierte, würden wir uns unser restliches Leben die schwersten Vorwürfe machen.

Im Restaurant angekommen, wurden wir zu unserem reservierten Platz geführt. Von innen war dieses Restaurant sehr angenehm ausgeleuchtet. Es war auch nicht übermäßig besucht. Unser Tisch war liebevoll eingedeckt, besser hätte ich das auch nicht dekorieren können.

Die Speisekarte wurde uns von einer jungen Bedienung gebracht. Sie trug ein Namensschild und darunter stand *Auszubildende*. Ich bekam natürlich gleich wieder Oma-Gefühle.

Ich studierte die Speisekarte und tat dabei so, als ob sähe ich sie zum ersten Mal. Natürlich hatte ich mir schon zu Hause überlegt, was ich essen wollte. Friedrich hatte ich selbstverständlich von meiner Forschungsarbeit nichts erzählt.

Wir bestellten uns jeder eine Suppe als Vorspeise. Als Hauptgericht wählte ich etwas Vegetarisches, Friedrich bestellte sich ganz normalen Fisch. Anderes als normales Fleisch und Fisch gab es hier auch nicht. Darauf hatte ich aus bekannten Gründen geachtet. Zum Nachtisch gab es für mich einen Eisbecher. Friedrich bevorzugte so eine Schoko-Mokka-Creme.

Dass wir dazu Wein und Wasser wählten, das war für uns selbstverständlich. Für mich gehört zu einem gemütlichen Essen Wein. Nicht dieses schäumende Bier.

In den folgenden 16 Minuten rutschte Friedrich auf seinem Stuhl hin und her wie ein kleines Kind.

„Soll ich dir nächste Woche mal eine Salbe für deinen Hintern besorgen?", fragte ich Friedrich.

„Was für eine Salbe?", fragte er zurück.

139

„Na, die machen doch immer im Fernsehen Werbung für ... na, wenn's da hinten juckt." Ich hatte das wohl etwas zu laut gesagt, wie sonst war es zu erklären, dass uns die anderen Gäste so grinsend anschauten.

„Erika, bei mir juckt überhaupt nichts. Ich finde nur, dass man hier ziemlich lange auf eine Suppe warten muss. Was kann dabei denn so lange dauern?"

Kaum hatte er diese Frage ausgesprochen, da kam schon die junge Kellnerin mit den beiden Suppen, servierte diese und wünschte uns einen guten Appetit.

Die sah ja wirklich lecker aus. Und sie dampfte.

„Fräulein", rief Friedrich.

„Friedrich! Du kannst die junge Frau doch nicht mit Fräulein ansprechen. Die Zeiten sind doch nun wirklich vorbei. Was ist denn? Fehlt dir noch was?"

„Mir fehlt nichts. Ich habe sogar zu viel bekommen."

„Was heißt das?"

„Was soll ich mit den Krabben auf diesem Holzspieß?"

„Essen! Friedrich. Einfach essen."

„Soll ich mir den Piker in den Mund stecken oder was?"

„Friedrich, du nimmst die Gabel und schiebst mit dieser Gabel die Riesengarnelen von dem Piker in die Suppe."

„Haben die das etwa vergessen in der Küche?"

„Nein, Friedrich, so serviert man heute solche Suppen."

„Was für ein Blödsinn. Wiese muss ich die Teile mit der Gabel vom Piker lösen und für diese Arbeit auch noch bezahlen?"

„Mach einfach, Liebling."

Das hätte ich nicht sagen sollen. Friedrich war feinmotorisch eher nicht so begabt, was dazu führte, dass die Garnelen nicht nur in der Suppe waren, sondern auch auf der weißen Tischdecke und auf seinem Hemd.

„Siehste. Das hast du jetzt davon. Die Viecher sind jetzt überall. Und mein Hemd ist auch ruiniert."

„Du musst so was mit etwas mehr Feingefühl machen."

„Feingefühl! Ich habe Hunger. Und wenn ich eine Krabben- oder meinetwegen auch Riesengarnelensuppe bestelle, dann will ich einen Teller Suppe. Und die Teile sollen darin schwimmen. Ich will keinen Experimentierkasten von irgendwelchen jungdynamischen Köchen erhalten."

„Soll ich dir eine neue Suppe bestellen, Friedrich?"

„Bloß nicht, sonst macht der ja noch mehr Umsatz mit diesem Baukasten."

Friedrich schlürfte seine restliche Suppe, dabei rutschen ihm die Riesengarnelen ein paar Mal vom Löffel.

„Friedrich, nimm' doch die Gabel und spieße die Garnelen auf."

„Ich soll mit einer Gabel die Suppe essen?"

„Nur die Garnelen."

„Zu Hause schneidest du das Fleisch doch auch in mundgerechte Stücke, wenn wir Suppe essen."

„Ja, dass macht dein Old-fashioned-Fräulein immer."

„Erika, schau mal. Was ist das?"

„Was hast du jetzt wieder entdeckt, Friedrich?"

„Da ist was Schwarzes. Hier schau mal. Wo kommt das denn her?"

„Das ist der Darm der Garnele, Friedrich. Der wird eigentlich vor der Zubereitung entfernt."

„Der Darm? Das ist ja ekelig. In dem schwarzen Ding ist alles drin, was bei uns ... igitt!"

„Deshalb wird er ja vorher entfernt."

Ab diesem Moment weigerte sich Friedrich, die Suppe zu Ende zu essen. So ein wenig verstehen konnte ich das auch.

Meine Suppe war übrigens ganz einfach zu essen. Wahrscheinlich lag es daran, dass ich als Training häufig die Kochsendungen im Fernsehen sah.

Kurz nach dem Abräumen der Suppenteller kam der Hauptgang.

„Was ist denn das?", fragte mich Friedrich entsetzt.

„Das ist der Hauptgang", antwortete ich und tat dabei so, als würde ich gar nicht erkennen, was Friedrich an diesem Teller so entsetzte.

„Das weiß ich selber. Was soll denn dieses ganze Papierzeug auf meinem Teller. Mein Teller ist doch kein Mülleimer."

„Wenn, dann wäre es der Papiercontainer", antwortete ich und schaute meinen Friedrich dabei aber nicht an. Ein Lachen vermied ich in dieser Situation. Es hätte nur zur Eskalation geführt.

„Junge Frau", rief Friedrich und hob dabei den Arm.

Jetzt musste ich einschreiten.

„Friedrich, das ist kein Altpapier. Das ist dein Fisch."

„Mein Fisch", schrie Friedrich in einem Ton, den ich sonst nur von unserer Tochter kannte.

„Ja, dein Fisch. Der wurde in dem Papier gegart, damit er besonders saftig bleibt und die Aromen der Kräuter in den Fisch ziehen."

„Wer hat sich denn diesen Blödsinn ausgedacht? Die können einem doch kein Papier auf den Teller packen. Und die rot-weißen Bänder, die soll ich jetzt wohl noch auseinanderfummeln – oder?"

„Nein, du reißt das Papier einfach auf. Den Fisch isst du dann einfach im Papier."

„Wir bezahlen hier so viel Geld für das Essen und dann soll ich den Fisch aus der Papiertüte essen. Das bekomm ich doch an jedem drittklassigen Imbiss."

„Probiere den Fisch doch erst mal. Vielleicht schmeckt er dir ja."

„Früher hat meine Mutter beim Fischhändler auch Fisch gekauft. Den hat der Verkäufer dann auch immer in Zeitungspapier eingepackt, damit der nicht so stinkt. Und jetzt, wo wir genügend Geld haben und vernünftig Essen gehen könnten, da holen mich die alten Zeiten wieder ein."

„P r o b i e r e n!"

Friedrich riss das Papier auf. Ein wenig genervt, aber ohne größere Schäden für Leib, mich und die Tischdecke.

„Schmeckt gut", sagte er muffelnd.

„Sag ich doch, du alter Meckerkopf."

Mein vegetarisches Gericht war übrigens einmalig gut mit allen Gewürzen des Orients zubereitet worden.

Mit Friedrich essen zu gehen, war wie mit unseren Enkeln. Oder beleidigte ich jetzt unsere drei Enkel? Die waren doch wahrscheinlich pflegeleichter als ihr Opa. Da wusste ich aber noch nicht, was mich beim Dessert noch erwarten sollte.

Die junge Bedienung kam, räumte den Hauptgang ab und brachte uns die Desserts.

„Oh, was sieht der lecker aus", kam es spontan aus mir herausgeschossen, als die Auszubildende den Becher auf den Tisch stellte. Ich bemerkte, wie sie sich über diese Aussage freute.

Sie ging um den Tisch herum und stellte das Glas mit dem Nachtisch vor Friedrich ab.

„Lassen Sie sich die Desserts schmecken", sagte sie und hatte dabei so einen liebenswürdigen Gesichtsausdruck.

„Vielen Dank", antwortete ich, „das wird uns bestimmt ohne Probleme gelingen."

Das Eis war so was von cremig und vollmundig. Konnte man zu Eis *vollmundig* sagen? Ich fand schon.

Ich schaute Friedrich an. Gerade in diesem Moment hatte er wieder diesen Dackelblick aufgesetzt, der bedeutete, dass er Hilfe bräuchte.

„Friedrich, schmeckt dir deine Schokoladenspeise nicht? Oder warum guckst du so merkwürdig?"

„Erika, warum liegen auf meinen Schokoladenpudding so viele Johannisbeeren am Strauch? Haben die in der Küche vergessen, diese zu putzen? Du machst doch auch keine rote Grütze mit Strauch – oder etwa doch?"

„Friedrich, das nennt sich Deko. Und diese Deko kannst du bedenkenlos mitessen."

„Ich soll in diesem relativ teuren Laden Johannisbeeren mit Strauch essen? Und das am Tisch? Du tickst ja nicht ganz richtig!"

Und jetzt schauten sie wieder alle, die anderen Gäste und auch das Personal. Einige Besucher mussten lachen. Andere schauten weg. Sie taten zumindest so.

„Nimm die Gabel und streife die Früchte vom Strauch."

„Was soll ich machen? Schokoladenpudding mit der Gabel essen. Also das geht nun wirklich zu weit, Erika."

Friedrich nahm in die eine Hand die Gabel, in der anderen Hand hielt er den Johannisbeerstrauch. Wie gesagt, seine Feinmotorik ließ schon immer zu wünschen übrig, und so schossen die ersten Früchte quer über den Tisch. Farblich sehr reizvoll lagen die roten Johannisbeeren auf der gestärkten weißen Tischdecke.

Mein „Friedrich, nun pass doch auf", kam ein wenig zu spät, denn genau in diesem Augenblick, flogen mehrere Johannisbeeren auf den Fußboden. Dieses Restaurant hatte hellen Teppichboden. Ich hätte im Erdboden verschwinden mögen, so peinlich war mir das. Der Vorteil wäre, ich hätte die Johannisbeeren von unten gesehen. Friedrich schaute mich mit seinem Dackelblick an und suchte Hilfe. Er war sichtlich überfordert mit dieser Situation. Er bückte sich seitlich nach vorn, um ein, zwei Früchte aufzuheben. Das wäre ja auch in Ordnung gewesen, wenn er sich nicht an dem Rotweinglas festgehalten hätte. Wahrscheinlich hatte er es in seiner Aufregung gar nicht mitbekommen. Jedenfalls sah ich schon die Auszubildende auf uns zukommen. Sie hielt ein großes Handtuch in der Hand. Sie benötigte dieses in weiser Voraussicht, um den Wein vom Fußboden zu entfernen, auf dem Friedrich diesen verteilt hatte.

„Das macht gar nichts", sagte sie mit einem Lächeln im Gesicht. „Das machen wir nachher wieder sauber. Wie hat ihnen denn Ihre Variation von der Schokolade gefallen?"

„Was soll mir gefallen haben?", fragte Friedrich.

„Die Vari…", wiederholte die junge Frau.

„Friedrich, sie möchte gern wissen, ob dir der Schokoladenpudding geschmeckt hat."

„Junge Frau, wenn Sie einen Blick auf meinen Nachtisch geworfen hätten, dann hätten Sie bemerkt, dass ich noch nicht dazu gekommen bin, meinen Pudding zu essen."

„Entschuldigung", sagte die Auszubildende und ich sah, wie die Röte ihr in den Kopf stieg, „darf ich Ihnen noch etwas bringen?"

„Die Rechnung, aber ohne Deko!"

Mir war diese Aktion von Friedrich so peinlich, dass ich schon jetzt darüber nachdachte, wie ich mich bei der Auszubildenden entschuldigen konnte. Friedrich sollte davon natürlich nichts erfahren.

Kurze Zeit später kam eine ältere Angestellte mit der Rechnung. Die Rechnung lag natürlich in einer kleinen Schatulle.

„Bitte geben Sie mir die Rechnung", sagte ich.

Ich machte die Schatulle auf, musste kurz grinsen und beglich die Rechnung.

Wir standen auf und verließen das Restaurant.

Auf der Straße drückte ich meinem Friedrich ein Bonbon in die Hand.

„Was ist das denn, Liebling", fragte er überrascht.

„Das war in der Rechnungsschatulle. Du magst doch Johannisbeerbonbons – oder?"

Ich hab' euch lieb

Gastautorin: Linda, unsere Tochter. Nicht dass einer glaubt, wir hätten Linda absichtlich zu einem so kritischen und hinterfragenden Wesen erzogen. Nein, das haben wir nicht. Sie hat sich nur ganz viel von mir und auch ein wenig von ihrem Vater abgeschaut.

Vor ein paar Tagen traf ich mich mit einigen Müttern. Unsere Kinder kannten sich aus dem Sportverein. Wir hatten bisher nicht viel miteinander zu tun gehabt. Mal sahen wir uns, wenn wir die Kinder zum Sport brachten oder abholten, mal traf man sich zufällig beim Einkaufen. Wir wechselten dann meist ein paar belanglose Worte. Eine Mutter hatte eines Tages mal die Idee, dass wir uns zum Kaffeeklatsch treffen könnten. Weibertreffen mit fremden Frauen waren normalerweise nicht meine Sache. So richtig ablästern mit fremden Mädels, das ging doch gar nicht – oder vielleicht doch? Einmal könnte ich ja zu so einer Veranstaltung gehen, sagte ich mir.

„Hallo, ich bin Eli. Komm rein", sagte meine Klöngastgeberin zu mir, als ich vor ihrer Haustür stand, „die anderen sind auch schon da."

„Schön habt ihr das hier", sagte ich, als ich die Wohnung betrat, „dass ist ja alles so schön groß und hell."

„Genau aus diesem Grund haben wir auch die Wohnung genommen. Sie hat uns auch sofort begeistert. Und da haben wir gleich zugeschlagen."

Ich setzte mich zu den anderen an den Tisch. Nach einem Kennenlern-Sekt waren wir alle schon ein wenig warm miteinander geworden. Ich persönlich fand die Sektrunden schon immer ziemlich albern und mädchenhaft. Das hatte ich wohl von meiner Mutter geerbt. Ich hielt mich in dieser Runde aber mit meiner Meinung zurück und nippte ein wenig an dem Sekt.

Wir unterhielten uns sehr angeregt, während unsere Gastgeberin den Kuchen aufdeckte.

„Ich wollte vor ein paar Wochen einen Klempner beauftragen, bei uns im Badezimmer einmal die Abflüsse zu prüfen. Und was soll ich euch sagen, ich bekam einen Termin in sieben Wochen. Ich war ziemlich wütend. Natürlich habe ich bei einer zweiten Firma angerufen. Auch Fehlanzeige. Kann mir einer sagen, was die Handwerker die ganze Zeit machen? Mal eben vorbeikommen, kann doch nicht so schwer sein", sagte Ulla, eine der Frauen.

„Ja, ich verstehe das auch nicht. Bei meiner Friseurin bekomme ich jetzt auch keine kurzfristigen

Termine mehr. Vier bis fünf Wochen Wartezeit sind da keine Seltenheit mehr. Und das nur für einen Haarschnitt, ohne färben oder sonstige Extras.", ergänzte Rita, eine andere Frau.

„Ja, und mal so zwischenschieben geht auch nicht mehr", fügte Ulla hinzu und wackelte dabei so komisch mit dem Kopf.

„Also bei meinem Mann in der Marketing-Agentur, da könnten die sich solch ein Verhalten gar nicht erlauben. Wenn da ein Auftrag reinkommt, dann wird dieser auch gleich bearbeitet. Na ja, die dort arbeiten, haben ja auch alle studiert. Solche Menschen denken eben schneller und kundenorientierter als die Handwerker", sagte Rita mit einem leicht arroganten Ton.

„Genau, das sehe ich auch so. So ein Hauptschüler, der einen Handwerksberuf lernt, der macht das doch nur, weil es im Kopf nicht für ein Studium reicht", fügte Nicole hinzu.

„Da hast du recht. Wenn der ein wenig mehr Grips hätte, dann hätte er sicherlich auch Abi gemacht und würde studieren."

„Ja genau, Rita, wahrscheinlich hätte er dann Marketing- oder Kommunikationswissenschaften studiert oder etwas in diese Richtung", sagte ich ironisch. Die anderen bemerkten jedoch meinen Unterton und die damit verbundene Absicht nicht.

Die waren einfach zu tief überzeugt und verankert in ihren Ansichten.

„Unsere Kinder werden von uns mit allen Mitteln unterstützt, dass sie ein sehr gutes Abitur schaffen. Natürlich machen sie das Abitur nicht an irgendeiner Schule, nur weil sie bei uns in der Nähe liegt. Nein, wir haben uns schon viele Schulen angesehen, bevor wir uns für das jetzige Gymnasium entschieden haben", sagte Rita.

„Ja, das kenne ich. Man fährt mal an der Schule vorbei und schaut, wie die Kinder dort am besten hinkommen. Also mit dem Rad oder mit Bus und Bahn", ergänzte Nicole.

„Na, so einfach ist das nun wohl nicht. Wir haben uns die Ausstattung der Schulen angesehen. Das muss natürlich top sein. Und wir haben mit den Lehrern gesprochen. Wenn die nicht auf unserer Linie sind, dann würden wir unser Kind nie dort anmelden", sagte Rita energisch.

„Genauso sind mein Mann und ich auch vorgegangen. Unsere Kinder sollen ja schließlich mal richtig Geld verdienen und Karriere machen. Das geht natürlich nur, wenn sie auf der richtigen Schule waren und dort schon die richtigen Kontakte knüpfen", sagte Eli.

Da mussten alle Frauen, außer eine andere Mutter und ich, zustimmen. Und genau mit dieser anderen Mutter hatte ich mich schon öfter beim Sport unserer Kinder unterhalten. Sie schien auch ein wenig anders zu denken.

„Mein Mann und ich wollen einfach, dass unsere Kinder ein glückliches und zufriedenes Leben haben", sagte ich aus voller Überzeugung.

„Genau wie wir", sagte Astrid, „und dazu gehört ein gut bezahlter Job, der auch die entsprechende Anerkennung bringt. Und dafür brauchen die Kinder erst mal ein hervorragendes Abitur. Möglichst an einer Top-Schule."

„Was ist für dich eine Top-Schule?", fragte ich.

„Genau das, was wir vorhin beschrieben haben. Und natürlich darf die Schule in keinem Problemstadtteil liegen", erklärte Astrid.

„Was soll denn der Blödsinn. Die Abiprüfung ist doch an allen Schulen in dieser Stadt gleich", sagte ich genervt.

„Dir ist das wirklich egal, auf welche Schule dein Kind geht und wo es Abitur macht?", fragte Astrid ziemlich zickig.

„Ja! Und nicht nur das. Mir oder besser gesagt uns, ist es nicht wichtig, dass unsere Kinder Abitur machen. Wenn unsere beiden Kinder nicht das Zeug oder keine Lust dazu haben, Abitur zu machen, dann gehen sie halt früher von der Schule ab. Wir vertrauen voll und ganz den Lehrern und unseren Kindern."

„Den Lehrern vertrauen? Wo lebst du denn? Wir kontrollieren die Lehrer regelmäßig, indem wir einen Gesprächstermin vereinbaren", sagte Rita.

„Zu unserer Erziehungsmethode gehört ein hohes Maß an Vertrauen und Liebe", antwortete ich sehr trocken und sachlich.

„Vertrauen und Liebe. Was sind das für altbackene Wörter und Ansichten. Damit kann man heute doch in der Berufswelt nicht mehr überleben", sagte Rita.

„Siehst du, das sind die Unterschiede. Wir haben andere Werte als ihr. Für uns sind andere Sachen wichtig als für euch. Wenn unsere Kinder freiwillig eine Top-Management-Karriere anstrebten, dann ist das in Ordnung. Es ist aber genauso richtig und für uns akzeptabel, wenn sie ohne Abitur eine Ausbildung in ihrem Traumberuf beginnen."

„Eine Ausbildung?", sagte Eli in fast kreischendem Ton.

„Ja, natürlich. Warum denn nicht?", fragte ich zurück.

„Vielleicht Friseurin oder Klempner?", fragte Eli.

„Ganz genau. Möglicherweise auch Koch oder Mitarbeiter bei der Stadtreinigung", war meine Antwort.

„Müllmann? Du hast nichts dagegen, dass dein Kind Müllmann wird?", fragte Eli nahezu fassungslos mit einer extremen Betonung des Buchstaben ü.

„Nein, dagegen haben mein Mann und ich gar nichts. Was denkst du denn, wer in Zukunft deinen Müll wegmacht. Meinst du, da kommen die Heinzelmännchen?"

„Nein, natürlich nicht. Aber unsere Kinder doch wohl auch nicht. Wir leben doch in einer guten Gegend, da müssen unsere Kinder ..."

„Was müssen unsere Kinder, Eli?"

„Die müssen ..."

„Genau, Eli, die müssen glücklich werden. Und die müssen die Vielfalt der beruflichen Möglichkeiten erkennen können. Und unsere Kinder müssen oder dürfen nach ihren Fähigkeiten entscheiden."

„Du könntest dir vorstellen, dass du mit deinem Mann und seinem Chef zum Essen eingeladen bist und die Bedienung im Restaurant wäre euer Kind?", fragte Eli entsetzt.

„Ja, wir wären dann mächtig stolz, wenn er oder sie uns dann den passenden Wein zum Essen empfehlen und ihn am Tisch öffnen würde."

„Mir wäre das nur peinlich!"

„O. k., aber wenn du in die Südsee fliegen würdest und der Pilot wäre dein Sohn, Eli, dann wäre für dich alles gut – oder? Wahrscheinlich würdest du im ganzen Flugzeug erzählen, dass dein Sohn die Maschine fliegt – stimmt's?"

„Ja", sagte Eli, allerdings schon ein wenig zögerlicher.

„Du misst mit einem unterschiedlichen Maß. Du willst mit deinem Kind angeben. Und ich will, dass mein Kind glücklich ist beziehungsweise wird. Das würde mich dann wiederum stolz und zufrieden machen. Ich glaube, dass unsere Ansichten sehr weit auseinanderliegen. Das Leben ist so facettenreich und das ist auch gut so. Hast du dich eigentlich mal über die Inhalte einer handwerklichen Ausbildung informiert?"

„Na, was soll ein Handwerker schon wissen müssen? Eine Schraube reindrehen, das kann doch wohl jeder."

„Du hast ja wirklich keine Ahnung, Rita. Ein Handwerker muss sich neben dem sehr umfangreichen handwerklichen Wissen zum Beispiel noch mit Personalpolitik, Betriebswirtschaft, steuerlichen Fragen und Umweltauflagen beschäftigen. Auch sind ständig aktualisierte PC-Kenntnisse und -Programme entscheidend für die Zukunft."

„Ja, aber ..."

„Nichts aber, Eli. Wer soll denn deine Leitungen in der Wohnung reparieren? Und wer, meinst du, kennt sich besser mit haarschonenden Haarfärbemethoden aus als ein gut ausgebildeter Friseur?"

„So habe ich das noch nie gesehen", sagte Eli, deutlich leiser.

„Solltest du aber. Sonst wirst du in der Zukunft keinen Klempner mehr bekommen. Du wirst dann zur Self-Made-Lady mutieren müssen. Aber das Internet hilft dir bestimmt dabei. Ach ja, denk daran, die Haare geschickt hochzustecken, damit man nicht sieht, wie die dunklen Ansätze nachwachsen. Dein Friseur wird für Spontantermine noch weniger Zeit als jetzt haben."

„Wie du das siehst und so knallhart formulierst. So habe ich das alles noch nie gesehen", sagte Eli.

„Weißt du, was meine Eltern mir vorgelebt haben. Schule und Ausbildung sind wichtig, aber lernen tut man erst im Alltag."

„Aber wenn die Kinder keine gute Ausbildung haben, dann können sie doch die Zukunft vergessen."

„Ich glaube, dass du mich noch nicht ganz verstehen kannst oder willst. Eli, ich erkläre es dir noch mal anders. Hast du schon mal gesehen oder gelesen, wie viele junge Menschen einen Abschluss in Betriebswirtschaftslehre haben oder wie viele sich damit schmücken, Kommunikationswissenschaften studiert zu haben? Das ist doch mittlerweile eine unüberschaubare Masse, die häufig total austauschbar ist, weil sie sich in nichts unterscheiden."

„Was meinst du damit, die unterscheiden sich in nichts?", fragte Rita.

„Na ja, die sind fast alle Anfang 20, wenn sie ihren Bachelor haben. Sie haben viel theoretisches Wissen aufgesogen, vielleicht haben sie auch das eine oder andere Praktikum absolviert. Ihre Lebensläufe hören sich ziemlich gleich an. Ich finde das sehr erschreckend und gleichzeitig auch sehr langweilig."

„Was stört dich denn daran, wenn die eine gute Ausbildung haben?"

„Gar nichts, Rita. Nur ein Titel macht allein auch nicht glücklich, wenn man ihnen gleichzeitig zu verstehen gibt, dass sie noch am Anfang ihres Berufslebens stehen und den Titel erst mal mit praktischem Wissen aus dem Berufsalltag füllen müssen."

„War das bei dir auch so?"

„Ja, natürlich. Wenn ich heute zurückblicke, muss ich zugeben, dass ich mit Anfang 20 noch nicht so viel praktisches Wissen hatte. Wie auch. Ich hatte damals gerade meine Ausbildung abgeschlossen und wollte von zu Hause ausziehen. Wenn ich da nicht meine Eltern gehabt hätte, dann hätte ich ganz schön alt ausgesehen. Die ersten Jahre im Beruf zeigten mir dann, dass ich eigentlich noch kaum praktische Erfahrung hatte und mein theoretisches Wissen nicht immer gefragt war. Ich machte damals viel verkehrt. Ich dachte, ich wüsste schon alles, was ein fataler Fehler war. Aber meine Eltern brachten mich immer auf den Boden der Realität zurück. Sie sagten immer, dass man schon selbstbewusst sein darf, aber dabei nie die Bodenhaftung verlieren sollte. Und sie brachten uns auch bei, alle Menschen zu achten und sie wertzuschätzen. Egal woher sie kommen oder welchen Beruf sie haben. Ihnen war fast völlig egal, in welchem Beruf wir tätig sein werden, die Hauptsache war, dass wir Spaß daran hatten und glücklich waren."

„Ja, so ein wenig komme ich jetzt hinter deinen Gedankengang", sagte Eli.

„Ich finde, dass es glücklicher macht, wenn man seinen Beruf gefunden hat. Auch wenn dieser nicht das große Geld verspricht. Ich finde, dass Selbstbewusstsein wichtiger ist als das Ansehen. Oder noch ein anderes Beispiel. Buchführung und die Erstellung von Bilanzen kann ich einfacher durch ein Selbststudium erlernen als das Montieren eines Starkstromherdes."

„Einfach Buchführung lernen", kreischte Rita, „wer kann denn das?"

„Rita, du musst mal richtig zuhören. Ich habe gesagt, dass es einfacher ist, Buchführung und die Erstellung zu Bilanzen im Selbst- oder Fernstudium zu lernen als den Umgang mit Starkstrom. Das machst du, wenn du es nicht richtig kannst, nur einmal und danach trifft sich deine Familie zum Butterkuchenessen."

„Du bist aber auch immer so direkt und unverblümt."

„Ja, so bin ich nun mal."

„Aber ich glaube, dass ich dich jetzt verstanden habe. Für dich sind die eigene Zufriedenheit und das Glück deiner Kinder wichtiger als das Ansehen und die Stellung in der Gesellschaft."

„Ja, genau. Zum einem, weil ich mir wünsche, dass meine Kinder den Beruf ergreifen, den sie mögen und der ihnen liegt. Zum anderen möchte ich, dass sie glücklich und zufrieden sind. Was soll die Wirtschaft mit Tausenden BWLern, für die es keine entsprechende Arbeit gibt."

Die anderen Frauen waren in der Zwischenzeit still geworden. Sie sprachen nicht mehr. Sie hörten uns wie gebannt zu. Mal nickte die eine zustimmend, mal die andere.

„Stellt euch mal vor, ihr holt in 15 Jahren eure Mülltonne von der Straße wieder auf euer Grundstück und findet einen Zettel, der an der Mülltonne klebt, mit folgendem Text:

Mama und Papa,
danke, dass ich meinen Traum leben darf.
Ich hab' euch lieb!

Bemerkte ich da die eine oder andere Träne in den Augen meiner Gesprächspartnerinnen?

Lecker Latte

Gastautorin: Lea, meine beste Freundin. Wir kennen uns schon ziemlich lange. Wir verstehen uns so gut, weil wir den gleichen Beobachtungstick haben und vieles kritisch hinterfragen. Und jetzt sage ich nur: „Guten Appetit."

Neulich war ich im Supermarkt und hörte, wie sich zwei Frauen unterhielten.

„Du, ich hab' gestern zum Nachtisch bei meinen Eltern einen Schokoladenpudding gegessen. Der war vielleicht lecker", sagte die Frau mit den dunklen kurzen Haaren.

„Echten Schokoladenpudding?", fragte die zweite, eine blonde Pferdeschwanzträgerin.

„Was heißt hier echten Schokoladenpudding? Wie schmeckt denn unechter Schokoladenpudding?", konterte die Dunkelhaarige.

„Ich glaube, du hast mich falsch verstanden. Ich meinte, du hast S c h o k o l a d e n p u d d i n g gegessen, so mit richtig vielen Kalorien?"

„Ja, natürlich. Ich habe noch nie Schokolade mit richtig wenigen Kalorien gegessen. Du etwa?"

„Nein, ich esse auch seit zwei, drei Jahren überhaupt keine Schokolade mehr. Die macht einfach zu dick. So viel Sport kann ich gar nicht machen, um die Pfunde wieder loszuwerden."

„Du musst nach einem Stück Schokolade gleich Sport machen, um Pfunde loszuwerden? Du scheinst ja wirklich einen schlechten Stoffwechsel zu haben."

„Lass' uns doch draußen weiterreden. Oder noch besser, lass' uns was trinken gehen. Da drüben ist doch gleich ein Café."

„Gute Idee. Wir kaufen noch schnell zu Ende ein und treffen uns dann in zehn Minuten im Café."

„Bis gleich ..."

Ich war so fasziniert von dem Gespräch, dass ich wohl mit offenem Mund gelauscht hatte. Meinem Mann wäre das wieder sehr peinlich gewesen, aber er war ja glücklicherweise nicht mitgekommen. Jetzt musste ich aber auch noch schnell meine restlichen Sachen einkaufen.

Da es am Käsetresen etwas länger gedauert hatte, war ich erst mit dem Bezahlen fertig, als die beiden Frauen bereits im Café saßen. Das konnte ich von der Kasse aus sehen.

Als ich an dem Café vorbeiging, musste ich grinsen. Die Anti-Schokoladen-Frau hatte ein großes Glas Latte macchiato vor sich stehen. In der Hand hielt sie ein Franzbrötchen. Die Schokoladenpuddingliebhaberin trank einen Tee. Das konnte ich an dem Beutelband sehen, das über den Becherrand hing.

Auf dem Weg nach Hause musste ich über dieses Ess-Phänomen nachdenken. Es beschäftigte mich einfach zu sehr.

Heute stand ja noch Hausputz bei mir auf dem Plan. Ich stellte also das Radio an, weil ich so schwungvoller putzen konnte.

Aber statt putztaugliche Musik zu spielen, war der Moderator am Erzählen. Meistens klappte ich meine Ohren dann zu. Natürlich nur im übertragenen Sinne. Doch diesmal war das anders, was in keiner Weise gut für meine Nerven war. Der Moderator war sehr erregt über das warme, für ihn untypische Wetter und sagte so was wie *vom wärmsten April seit ...*, das Ende konnte ich jetzt nicht mehr so genau verstehen. Meine Ohren wollen manchmal nicht so richtig. Und zum Putzen nahm ich mein Hörgerät immer raus. Jedenfalls war eine Reporterin unterwegs zu einer Eisdiele in Hamburg. Ich glaube, sie war in einer dieser SUV-Hochburgen oder so. Na ja, eigentlich auch egal.

Die Reporterin sprach mit den Kunden der Eisdiele, die sich alle so anhörten, als bekämen sie jetzt endlich harte Drogen auf Krankenschein und der Entzug hätte ein Ende. Ich hörte die Vor-Ort-Reporterin sagen, dass das Eis ja so lecker sei, aber auch so kalorienreich. Das könne man sich ja gar nicht leisten. Jetzt, wo wir kurz vor der Bikini-Saison stünden.

Und da war es bei mir aus. Obwohl ich allein im Haus war und eigentlich hätte putzen müssen und wollen, hielt ich einen Monolog, der ungefähr folgenden Inhalt hatte:

„Ich kann es echt nicht mehr hören, dieses Gelaber. Die eine kann keinen Schokopudding essen, weil er zu dick macht. Pfeift sich aber so zwischendurch einen Latte und ein Franzbrötchen rein. Das sind doch bestimmt zusammen 500 Kalorien. Und dann diese Reporterin, die so tut, als mache ein Eis so dick. Immer dieses mädchenhafte und künstliche Getue um die Kalorien. Und was ist überhaupt eine Bikinifigur? Etwa die, die uns die Modezeitschriften vorgeben, Größe 32 oder Size Zero wie irgend so ein Model? Ich frag' mich dann wirklich, warum es in den Geschäften Bikinis bestimmt bis Größe 50 gibt. Einfach die richtige Größe wählen und dann hat jede ihre Bikinifigur. Aber was soll's, diese junge Moderatorin wird auch noch erfahren, dass es ein Leben jenseits der

30 gibt und dass nicht alle Frauen Größe 36 anstreben."

Ich hatte mich so richtig heißgeredet, als ich plötzlich Geräusche im Haus wahrnahm. Einbrecher? Was sollte ich jetzt machen?

„Hallo Liebling", rief mein Mann Frank.

„Mann, hast du mich erschreckt. Was machst du denn schon hier?", fragte ich ihn.

„Ich hatte doch gesagt, dass ich früher komme."

„Wie lange stehst du schon da?"

„Ein paar Minuten. Du bist ja richtig in Fahrt. Was ist denn passiert?"

„Ich verstehe so einige Menschen nicht."

„Welche Menschen verstehst du nicht?"

„Menschen, die in einer Parallelessgesellschaft leben. Verstehst du? Menschen, die eins und eins nicht zusammenbringen können."

„Wo leben die?"

„In einer Parallelessgesellschaft, ich versuch's noch mal anders. Ich habe vorhin zufällig ein Gespräch von zwei Frauen mitbekommen. Die eine isst seit Jahren keine Schokolade mehr, weil es sie zu dick macht. Gleichzeitig sehe ich sie aber mit einem Latte macchiato und einem Franzbrötchen im Café sitzen. Verstehst du, was ich meine? Die

Frau hat wahrscheinlich in ihrem Kopf abgespeichert, dass Schokolade dick macht. Dieses abgespeicherte Wissen bezieht sie nur auf Schokolade, nicht auf den Latte macchiato und das Franzbrötchen."

„Du, ich weiß auch, warum das so ist?"

„Na, da bin ich ja mal gespannt."

„Die sind alle vom Sternzeichen Zwilling. Also alle so gespaltene Persönlichkeiten wie du …

„Was soll das heißen, ich bin …"

„Zum Beispiel, du meckerst immer über die anderen, die mit dem Auto zum Sport fahren. Du erzählst dann immer was *von einer Erde, die man schützen muss und so*. Und was machst du?"

„Ich bin auch schon mal zu Fuß zum Sport gegangen."

„Einmal."

„Besser als kein Mal."

„Mir fehlen die Worte. Ich hab' übrigens noch ein paar Kekse gekauft. Die sind in der Tasche, die im Flur steht. Ich geh' nur eben kurz ins Bad."

Ich ging zu der Tasche, die auf der Anrichte im Flur stand. Unter einigen Zeitschriften fand ich die Kekse. Auf der Packung stand: „Neu – jetzt mit weniger Zucker und extra dickem Schokoladenkern." Ich nahm die Packung, ging zu Frank, hielt ihm die Packung unter die Nase und sagte: „Du also auch."

Wir schauten uns an, mussten laut lachen, öffneten die Kekspackung und wussten, dass wir auch in Zukunft zusammen durch dick und dünn gehen wollten.

Nicht schon wieder

Gastautor: Björn, unser Schwiegersohn. Er muss regelmäßig zu Fort- und Weiterbildungen und ist jedes Mal so „begeistert", dass wir ihn baten, und wir mussten nicht lange betteln, eine besonders schöne Geschichte für uns zu schreiben. Und jetzt kommt sie.

Als Vertriebsleiter in einem mittelständischen Betrieb hatte ich die Verantwortung für 23 Mitarbeiter. Und ich hatte diese gern. Es waren fast alles sehr angenehme Zeitgenossen, was die Zusammenarbeit sehr vereinfachte. Von anderen Unternehmen, Freunden und aus dem Fernsehen hatte ich da immer die eigentümlichsten Sachen gehört.

Ich könnte also mit meinem Job total zufrieden sein, wenn ich nicht sehr oft zu Fort- und Weiterbildungen geschickt würde. Mein Chef legt immer sehr viel Wert darauf. Ich gebe zu, dass das eine oder andere Seminar mal interessant war. Die meisten allerdings besuchte ich nur, weil mein Chef es so wollte.

Vor ein paar Wochen rief mich mein Chef in sein Büro. Ich dachte noch, was der jetzt wohl wieder wollte. Ich war nämlich heute mit Linda und den Kindern verabredet. Für so ein Geplänkelgespräch beim Chef hatte ich jetzt echt keine Zeit und auch keine Lust.

„Björn, schön, dass du Zeit hast", sagte mein Chef in dieser überschäumenden Freundlichkeit, die ich dermaßen scheußlich und gekünstelt fand.

„Was ist denn?", fragte ich, den Zeitdruck spürend.

„Du, ich habe da ein Seminar entdeckt. Das hört sich wie für dich gemacht an."

„Schön."

„Ja, finde ich auch. Es richtet sich an Führungskräfte, die ihre Verkaufstechniken verbessern und gleichzeitig ihre Umgangsformen mit den Kunden auffrischen und erweitern möchten. Und da habe ich gedacht, dass du das bestimmt gern möchtest. Ich habe doch recht – oder?"

„Bruno, ich war gefühlt schon auf 493 Seminaren, die sich mit Verkaufstechniken beschäftigten. Ich …"

„Das weiß ich doch, aber diese Weiterbildung wird von einem sehr anerkannten Professor für Verkaufs- und Kundenpsychologie durchgeführt. Ich habe mal seine Arbei…"

„Wann ist das Seminar?"

„Ich wusste es doch. Warte ... es ist in drei Wochen."

„O. k."

Ein paar Tage später war die Anmeldung bestätigt und der Zug gebucht.

„Du, Linda, mein Zug geht am Donnerstag schon morgens um Viertel vor fünf."

„Morgens um V i e r t e l vor f ü n f ?"

„Ja."

„Und wann kommst du zurück?"

„Freitag. Ich fahre um 13:30 Uhr in Dortmund ab."

Zwei Wochen später fuhr ich also zum Seminar nach Dortmund. Linda fand das Seminar, genauso wie ich, total überflüssig. Sie wollte meinem Chef mal richtig die Meinung sagen, wenn sie ihn sehen würde. Ich wusste zwar nicht, wann das sein sollte, aber ich liebte sie für diesen Ehrgeiz und ihre Hartnäckigkeit. Und sie hatte ja so recht.

Am Freitagabend nach dem Seminar freute ich mich schon riesig auf Linda, Lina und Finn. Freitags mit der Bahn fahren war wirklich nichts für Feiglinge. Aber Geschichten über das Bahnfahren, füllten ja bereits viele Bücher. Ich verkneife mir dazu jeglichen Kommentar.

„Hallo, ihr zwei Süßen", rief ich, als ich die Haustür aufschloss.

„Hallo Papa", rief Finn.

„Schön, dass du wieder da bist", sagte Linda und strahlte dabei über das ganze Gesicht. Sie sah besonders hübsch aus, wenn sie sich so freute.

„Wie war's?"

„Grauenvoll und schwachsinnig, wie immer. Aber diesmal hat der Dozent echt den Vogel abgeschossen. Weißt du, was der gemacht hat?"

„Nein. Du kannst mir ja gleich darüber erzählen. Mach dich doch erst mal ein wenig frisch und werde diesen Bahngeruch los."

Eine halbe Stunde später saßen wir im Wohnzimmer. Linda wollte unbedingt sehen, was ich die zwei Tage gemacht hatte beziehungsweise was vorgetragen wurde.

„Schau mal, Linda, das war der Ablauf", sagte ich und zeigte ihr dabei die Tagesordnung.

„Gib mal her", sagte Linda, nahm das Infoblatt in die Hand und las es betonend vor:

„Beginn Donnerstag, 9:30 Uhr

9:30 bis 11:00 Uhr
Vorstellungsrunde der Teilnehmer und Einleitung in das Thema durch Professor Schlau

11:00 bis 11:15 Uhr
Pause

11:15 bis 12:30 Uhr
Vertiefung in das Thema „Glaubwürdigkeit und Verkaufen"
Leitung Professor Schlau

12:30 bis 14:00 Uhr
Mittagsessen im „Schlauen Fuchs"

14:00 bis 15:00 Uhr
Rollenspiele der Teilnehmer unter der Anleitung von Professor Schlau

15:00 bis 15:15 Uhr
Pause

15:15 bis 16:45 Uhr
Bewertung der Rollenspiele durch Professor Schlau und die anderen Teilnehmer

16:45 bis 17:00 Uhr

Pause

17:00 bis 18:00 Uhr
Abschlussrunde des ersten Tages

Ab 19:00 Uhr
Kurze Stadtrundfahrt mit anschließender Einkehr in einem urigen Restaurant zum geselligen Ausklang des Tages.

Freitag, Beginn 9:00 Uhr

9:00 bis 10:15 Uhr
Thema „Blickwinkelwechsel im Verkauf – immer sinnvoll?"
Vortrag von Professor Schlau mit anschließender Diskussion

10:15 bis 10:30 Uhr
Pause

10:30 bis 11:30 Uhr
Vortrag zum Thema „Von Tür zu Tür" von Professor Schlau

11:30 bis 11:40 Uhr
Pause

11:40 bis 12:30 Uhr
Abschluss des Seminars.

Dafür bist du extra nach Dortmund gefahren? Warte mal, ich muss das mal zusammenrechnen."

„Was musst du zusammenrechnen?"

„Na, deine Nettozeiten."

„Meine was?"

„N e t t o z e i t e n. Ich meine die Zeiten, in denen tatsächlich was gelehrt oder vorgetragen wurde."

„Na, was kommt da raus?"

„Sage und schreibe 9,33 Stunden."

„Dann wirst du sicherlich auch die Bruttozeit ausgerechnet haben?"

„Noch nicht, aber … warte … jetzt … es sind 38,5 Stunden. Du warst 38,5 Stunden unterwegs für gut neun Stunden Gelaber."

„Das steht ja in keinem Verhältnis zueinander. Das merke ich erst jetzt so richtig, wo du die Zeiten ausgerechnet hast."

„Tja, wenn du mich nicht hättest …"

Ich ging zu meiner Tasche und holte den Seminarflyer. Ich wollte mal schauen, was so ein Seminar kostete.

„1.495,00 Euro", schrie ich so laut, dass Linda zusammenzuckte.

„Was kostete so viel?"

„Das Seminar, Linda."

„Wie viele Teilnehmer wart ihr?"

„Warte mal, ich hab die Telefonliste ... wir waren ... äh ... 14 Teilnehmer."

„Ich muss mal wieder rechnen ... ich glaub es nicht. Das macht über 2.200 Euro in der Stunde."

„Unglaublich!"

„Björn, was war denn nun so besonders an diesem Seminar?"

„Wir hatten ja die ganze Zeit Professor Schlau als Vortragenden. Wir mussten solche albernen Kundengespräche durchspielen. Du weißt ja, dieser ganze durchgekaute Blödsinn wie die Arme immer schön angewinkelt lassen. Natürlich hören wir dem Kunden zu und versuchen aber ganz geschickt, ihn von dem teuren Produkt zu überzeugen. Wir führen selbstverständlich mit dem Kunden ein wenig Small Talk und halten Augenkontakt. Du kennst ..."

„Hör bloß auf. Irgendwann erfinden die auf so einem Seminar, das Schei..."

„Linda!"

„Ja ist doch so. Dieses künstliche Getue. Ich durchschau das sofort, wenn ich irgendwo bin. Manchmal kann ich schon mitsprechen, wenn die Verkäuferin im Geschäft was sagt. Da merkt man sofort, wenn die alle die gleiche Schulung hatten. Genauso wie die Moderatoren im Fernsehen.

Wenn die auf einer Schulung waren, haben die plötzlich alle die gleiche Fragetechnik."

„Ja, da pass mal auf. Dieses Mal wurde das noch getoppt durch die Umgangsformen. Die ja auch zu 40 Prozent Gegenstand der Rollenspiele im Seminar waren. Wir haben zum Beispiel gelernt, dass man sich gegenseitig die Tür aufhält. Das ist jetzt alles ein wenig entspannter als früher. Heute dürfen auch die Frauen die Tür aufhalten, um den Mann durchzulassen."

„Super Neuheit. Das steht doch in ganz vielen Zeitschriften. Nur da ist die Info viel günstiger. Und außerdem macht man das doch sowieso."

„Ich glaube, was uns Professor Schlau erzählen wollte, war, dass wir den anderen sehen sollen. Also auch unter Kollegen, beim Einkaufen, beim Arztbesuch und so weiter."

„Das muss man lernen? Das machen wir und die Kinder schon immer."

„Wir ja. Professor Schlau aber nicht. Immer wenn er den Raum verließ, schaute er sich nicht um. Die Tür hielt er nie auf."

„Tja, das macht er wohl nur, wenn er viel Geld dafür bekommt."

„Genau, Linda. Auf den Seminaren dozieren meines Erachtens alles nur so theoretische Schnacker. Die haben wahrscheinlich alle noch nie so richtig in einem Unternehmen gearbeitet, über dessen Fachgebiet sie sprechen."

„Das sind doch alles Erkenntnisse, die bekommt man doch schon mit der Muttermilch eingeflößt. Ich verstehe einfach nicht, dass man so was in einem Seminar lernen muss."

„Ja, viele Seminare sind echt die totale Geldschneiderei. Irgendwann in naher Zukunft schickt mich Bruno bestimmt zu einem Seminar, das ‚natürliche Reflexe' lehrt. Und ich glaube, dass Bruno dann meinen natürlichen Reflex erfahren wird."

„Björn, du wirst ihn doch wohl nicht …?"

„Doch, genau das werde ich. Ich werde seinen Internetzugang kappen. Was dachtest du?"

„Ach nichts …"

Immer mehr ans Meer

Wir wohnen im Nordosten von Hamburg. Von uns ist es fast genauso zeitaufwendig, in die Innenstadt zu fahren wie an die Ostsee.

Früher waren wir oft an der Ostsee. Mal mit den Kindern, mal ohne. Vor ein paar Wochen hatte ich zu Friedrich gesagt, dass es doch schön wäre, wieder mal ans Meer zu fahren. Ich wusste ja, dass Friedrich nicht mehr so gern Auto fuhr, aber an die Ostsee waren es nur knapp 70 Kilometer. Er sträubte sich aber gegen meinen Vorschlag. Ich müsse das verstehen, meinte er. Mir blieb ja auch keine andere Wahl.

Letzte Woche rief unsere Tochter Linda an. Sie wollte uns zu ihrem 10-jährigen Hochzeitstag einladen. Sie hatten sich spontan überlegt, diesen Tag zu feiern.

„Das ist ja eine super Idee von euch. Klar kommen wir. Feiert ihr zu Hause?", fragte ich.

„Nein, wir haben da einen Veranstaltungsraum in einem Restaurant in Timmendorf gemietet. Das ist doch o. k. für euch?", fragte sie.

„In Timmendorf? Du weißt doch, dass dein Vater nicht so gern mit dem Auto fährt."

„Ja, weiß ich, aber unseres ist ja schon voll. Kannst du nicht fahren?"

„Ich? Nee, ich fahre ja so selten und das ist mir zu weit. Ich frage mal deinen Vater, ob wir kommen, und melde mich dann wieder bei euch. Tschüss."

Friedrich war von der Idee begeistert und es wäre für ihn auch kein Problem, an die Ostsee zu fahren.

Das war mal wieder typisch, wenn seine Tochter was sagte, vorschlug oder machte, dann war das fast immer gut, einzigartig und toll. Linda konnte ihren Vater aber auch um den Finger wickeln. Ich wusste auch nicht, wie sie das immer machte. Väter können ihren Töchtern eben häufig nichts abschlagen. Eigentlich war das ja auch gut so. Ich war auch überhaupt nicht eifersüchtig. Gar nicht, nur ein bisschen. Vielleicht.

An ihrem 10-jährigen Hochzeitstag war das Wetter richtig heiß. Ein richtig schöner Spätfrühlingssamstag.

„Wir müssen los, Liebling", rief Friedrich die Treppe hinauf.

„Ja, ich bin sofort fertig", antwortete ich und zog dabei meine dunkelblauen Schuhe mit dem gewagten Fünf-Zentimeter-Absatz an.

Als ich die Treppe herunterschritt, stand Friedrich am Treppengeländer. Es war so ein wenig wie früher die Traumhochzeit im Fernsehen.

„Friedrich, hast du geweint? Du hast ja ganz nasse Augen", sagte ich besorgt.

„Du siehst so schön aus", sagte Friedrich mit bibbernder Stimme, „fast, als gingest du zu deiner eigenen Hochzeit."

Untern angekommen fiel ich Friedrich in den Arm. Ich wusste, dass er dabei wahrscheinlich, wie häufig, meine Frisur zerstören würde, aber das war mir egal.

Wir fuhren los. Die Straßen waren ziemlich befahren.

„Du, die wollen bestimmt alle an den Strand", mutmaßte ich.

„Ach, das glaub' ich nicht. Die sind wahrscheinlich alle auf dem Weg zum Wochenendeinkauf."

Als wir kurz vor der Autobahnauffahrt waren, stockte der Verkehr, sodass Friedrich gerade noch bremsen konnte. Er fuhr aber auch wirklich schon sehr unsicher.

„Puh, das war knapp", kam es aus Versehen aus mir herausgeschossen.

„Hier war gar nichts knapp. Ich kann immer noch die Reifen von meinem Vordermann sehen."

„Mag sein. Ich meine ja auch dein wenig vorausschauendes Bremsen."

„Ich muss doch nicht schon 500 Meter vorher bremsen, wenn ich irgendwo rote Rücklichter sehe."

„Nein, das musst du nicht. Aber früher hast du nicht so aggressiv gebremst."

„Ich werde gleich aggressiv, Erika, wenn du mir weiterhin solche Sachen unterstellst."

„Ich sage nur die Wahrheit. Übrigens, ich sehe keine Rücklichter mehr. Was meinst du, warum die hinter uns hupen?"

„Ich fahr ja schon. Wieso hast du eigentlich immer das letzte Wort?"

„Weil die Wahrheit siegt, Liebling."

Wir fuhren langsam auf die Autobahn. Ganz schön voll heute. Da war nichts mit „mal eben nach Timmendorf fahren".

Kaum waren wir eine Minute auf der Autobahn, da wurde der Verkehr noch zähflüssiger, obwohl die Autobahn dreispurig war. „War" war die richtige Bezeichnung. Hier wurde mal wieder gebaut. Die Schilder, die die Verengung ankündigten, waren jetzt gut sichtbar.

„Erzähl mir jetzt nicht, dass die alle zum Einkaufen fahren, das glaube ich nicht", sagte Friedrich.

„Nee, es scheint, als wollten die auch alle an den Strand. Du, wann sollten wir bei Linda sein?"

„Um 12 Uhr zum Mittagsessen."

„Das wird knapp."

Kurz vor Timmendorf ging gar nichts mehr. Der Verkehr stand. Im Auto war es heiß. Wir hatten zwar eine Klimaanlage, doch Friedrich benutzte diese nicht so gern. Er mochte die Keime nicht, die durch diese Anlage verteilt werden. Ich wusste nicht, ob das stimmte. Schon oft wollte ich mich mal darüber informieren, aber ich hatte es immer wieder vergessen. Also saßen wir im Auto und hatten die Fenster heruntergekurbelt. Ich hatte zwar anfangs ein wenig Angst um mein Haar, aber da fast kein Wind wehte, machte ich mir dann doch keine weiteren Gedanken.

„Mir klebt meine Bluse gerade am Körper fest. So verschwitzt kann ich mich nicht an den Tisch setzen", sagte ich genervt.

„Das macht doch nichts. Glaubst du, den anderen Gästen geht es anders? Bei der Wärme schwitzen doch alle."

Manchmal verstand ich meinen Mann nicht. Oder vielleicht verstand er die Frauen und ganz besonders mich nicht. Fast keine Frau würde sich in einer durchgeschwitzten Bluse wohlfühlen. Und schon gar nicht auf einer Feier.

„Wir sind gleich da, Erika. Ruf doch Linda mal an und sag ihr, dass wir jetzt auf dem Weg zum Parkplatz sind. Sie hatte doch gesagt, dass es Parkplätze am Lokal gibt?"

„Ja, das hatte sie erwähnt."

Ich telefonierte mit unserer Tochter und sagte, dass wir in fünf Minuten da wären.

Friedrich fuhr jetzt gerade auf den Parkplatz.

„Erika, hier ist kein freier Platz mehr. Wo soll ich denn jetzt parken?"

„In irgendeiner Nebenstraße, da gibt es doch immer Parkplätze, die nichts kosten. Komm, fahr wieder runter vom Parkplatz und dann biege mal links ab."

Wir fuhren in die kleine Straße. Allerdings im Schritttempo. Vor uns fuhren ungefähr 20 Autos. Ich konnte sehen, wie sich die Fahrer und Beifahrer nach links und rechts umschauten.

„Du Friedrich, die ganzen Autos vor uns suchen scheinbar auch Parkplätze. Hier werden wir wohl heute keinen mehr finden."

„Ja, rauskommen kann ich hier auch nicht mehr. Ich muss immer schön hinter den anderen fahren. Mist. Linda wartet bestimmt. Ruf sie doch nochmals an."

„Du Schatz, Papa findet keinen Parkplatz."

„Wo seid ihr denn?", fragte mich Linda.

„Friedrich, Linda will wissen, wo wir sind."

„Das weiß ich doch auch nicht. Du bist doch hier die Beifahrerin. Schau doch mal, ob du ein Straßenschild lesen kannst."

„Papa ist schon wieder so gereizt. Er kann das nicht mehr ab, dieses Autofahren."

„Stimmt ja gar nicht!", brüllte Friedrich plötzlich in einer mir bisher unbekannten Lautstärke.

„Ja, Linda, wir regen uns nicht so auf."

Plötzlich bremste Friedrich. Links fuhr gerade ein Auto aus einer Parklücke. Glücklicherweise war das Fahrzeug vor uns schon vorbei. Friedrich parkte ein. Das klappte komischerweise auf Anhieb. Geschafft, dachte ich. Jetzt hatten wir nur noch einen Fußweg von geschätzt 14 Minuten. Ich sah auf die Uhr.

„Friedrich, es ist schon 12:17 Uhr!"

„Ja und? Das kann ich jetzt auch nicht ändern."

Wir gingen schweigend, leicht gereizt und durchgeschwitzt in der Mittagssonne zum Restaurant. Die Blumen, die wir extra für die beiden bestellt hatten, sahen so fertig aus wie wir.

Auf unserem Fußweg zu den Kindern beobachteten wir die Autos, die alle im Stau standen oder einen Parkplatz suchten.

„Friedrich, ich glaube, die fahren alle nur für einen Tag an die Ostsee. Die meisten kommen doch aus Hamburg. Schau dir doch mal die Nummernschilder an."

„Du weißt doch, Erika, viele Leute haben immer diesen Wahn, wenn es einen Tag mal warm ist, ans Meer zu fahren."

„Ja, das ist in meinen Augen pure künstlich erzeugte Hektik. Früher waren wir doch auch oft mit den Kindern an der Ostsee. Wir sind dann aber morgens um 8:00 Uhr ganz entspannt losgefahren und waren um 9:00 Uhr am Strand."

„Tja, Liebling. Heute stehen die Leute erst um 9:00 Uhr auf am Samstag und dann frühstücken sie mal richtig schön."

„Wir ironisch du das sagst, Friedrich."

„Ja, stimmt doch. Ich hätte keine Lust, mal richtig schön zu frühstücken und mich dann um 11:00 Uhr in praller Sonne auf den Weg zu machen. Dann fahren doch alle. Das siehst du ja. Und dann stehen die, und heute auch wir, doch nur im Stau."

„Wenn man das jetzt mal so miterlebt, ist das schon wirklich lustig. Die können abends alle sagen, dass sie richtig viel vom sonnigen Timmendorf gesehen haben, und das ist nicht mal eine Lüge."

„Wie meinst du das?"

„Ganz einfach. In Timmendorf waren sie. Die Sonne haben sie auch gesehen. Nur leider konnten die meisten nicht aussteigen, weil sie keinen Parkplatz fanden."

„Die haben dann also eine private Stadtrundfahrt gemacht."

Wir mussten lachen. Bei der Hitze ist es gar nicht so schwer, trockenen Humor zu haben.

Endlich waren wir im Restaurant angekommen. Das Essen war schon aufgetragen. Mir war das so was von peinlich, zu spät zu kommen. Auch meine Ausdünstungen machten mir zu schaffen.

Linda nahm uns in den Arm und zeigte uns, wo unsere Plätze waren. Wir unterhielten uns angeregt mit den anderen Gästen. Ich hatte in der Zwischenzeit noch ein wenig neuen Duft angelegt. O. k., vielleicht ein wenig viel. Ich kam mir so vor wie Leute, die gern mal einen zu viel trinken und dann verzweifelt Pfefferminzbonbons lutschen, um den Alkohol zu überdecken.

Nach dem Kaffeetrinken machten wir uns wieder auf den Heimweg.

„Wollt ihr etwa schon gehen?", fragte Linda ein wenig entsetzt.

„Genau, mein Schatz, gehen ist das Stichwort", sagte ich.

„Ich kann euch doch schnell zum Auto fahren."

„Linda, das ist wirklich lieb von dir, aber schnell geht in diesem Ort an einem Sommerwochenende schon mal gar nichts. Bleib bei deinen Gästen. Wenn du uns fahren würdest, wärst du erst zu eurer Silberhochzeit zurück."

Als wir nach unserem Fußmarsch endlich im Auto saßen, waren wir völlig fertig. Diese Wärme, diese Autos, dieses Suchen und mein durchnässtes Zeug waren wirklich zu viel für einen Tag.

„Friedrich, das machen wir nie wieder. Ich verstehe auch überhaupt nicht, warum sich das die anderen Leute antun. Die könnten doch auch entspannt zu Hause bleiben und dort ein wenig spazieren gehen. Und Cafés gibt's doch auch in Hamburg an fast jeder Ecke."

„Könnten die, Erika. Aber was sollen sie denn erzählen? Etwa, dass sie drei Stunden in der Gegend umhergegangen sind und einen Becher Kaffee bei einem Filialbäcker getrunken haben? Das hört sich doch für manche Leute an wie Freigang aus einem Gefängnis mit Notverpflegung."

„Oder stell dir mal vor, die würden statt: ‚Heute sind wir mit dem Cabrio durch Timmendorf gefahren‘, sagen: ‚Heute haben wir mal was Gutes für die Umwelt getan, haben das Auto stehen gelassen und sind zu Fuß gegangen.‘"

„Du hast recht. Mit solchen Aussagen können die bei ihren Freunden nicht angeben oder punkten."

„Eben. Und vor allen Dingen, sie könnten nichts posten. So nennt man ja diesen Nachrichtenwahnsinn im Internet, oder?"

„Die interessiert auch nicht, dass der Meeresspiegel immer schneller steigt."

„Ach, die wissen vielleicht ja nicht mal, was das ist."

„Und wenn du denen erklärst, dass Timmendorf vielleicht irgendwann überschwemmt wird, dann antworten die bestimmt, dass sie dann ihr Boot nehmen."

„Na ja, dann fällt zumindest das Problem mit der Rettungsgasse weg."

„Welches Problem gibt es denn mit der Rettungsgasse? Was meinst du damit, Erika?"

„Friedrich, das glaube ich jetzt nicht. Du hast mal wieder keine Ahnung!"

„Was heißt hier mal wieder keine Ahnung? Wovon habe ich keine Ahnung?"

„Das Thema Rettungsgasse ist doch in allen Medien zu finden. Nur du hast mal wieder nichts mitbekommen. Das kommt auch daher, dass du dich nicht für die Neuen Medien und Themen interessierst und, statt einfach mal Fernsehen zu schauen, lieber im Garten arbeitest."

„Sei doch froh, dass ich dir nicht ständig im Weg stehe. Außerdem ist die Gartenarbeit auch notwendig und mir bringt sie Spaß."

„Kannst du dich noch an letzte Woche erinnern, als ich den heißen Becher mit dem Tee in der Hand hatte und ins Wohnzimmer wollte, da standst du auch genau in meiner Laufrichtung. Wenn du eine Rettungsgasse auf dem Flur gebildet hättest, dann hätte ich nicht den Tee auf den Boden verschüttet."

„Ich frage mich sowieso, wieso du kein Tablett genommen hast?"

„Ich ahnte ja nicht, dass mein schwerbeweglicher und wenig mitdenkender Ehemann nicht aus dem Weg geht, wenn ich komme."

„Also Erika, wirklich!"

„Friedrich, was machst du denn jetzt?"

„Ich fahr zur Seite. Hörst du nicht das Tüten hinter uns. Ich glaub', da kommt ein Rettungswagen."

„Hallo Linda. Nein, wir sind noch nicht zu Hause. Papa denkt gerade, dass das Telefonklingeln ein Rettungswagen ist. Ja, das finde ich auch. Er sollte nicht mehr mit dem Auto fahren. Tschüss Süße. Feiert noch schön."

Friedrich knurrte auf dem Beifahrersitz.

Ich will Winter

Gastautor: Christian, unser Sohn, der Vater von Tom, unserem wunderbaren Enkelkind. Aber ich weiche schon wieder ab. Christian ist Radfahrer. Er fährt fast immer mit dem Rad zur Arbeit. Und was er uns letztens berichtete, das ... ach, das kann er Ihnen am besten selbst erzählen.

Ich bin seit Jahren leidenschaftlicher Fahrradfahrer. In meiner Kindheit hatte ich regelmäßig die Beine bepflastert, weil ich mal wieder gnadenlos über Stock und Stein gefahren und gefallen war. Mein Vater verbrachte Stunden damit, meine Räder zu reparieren. Meine Mutter war zur besten Hosenflicken-Aufnäherin der Gegend aufgestiegen.

Die Radleidenschaft ist bis heute geblieben. Ich fahre fast jeden Tag mit dem Fahrrad zur Arbeit. Die Strecke führt mich zwar durch viele enge Straße und über schlechte Radwege, aber ich liebe und brauche meine täglichen Radtouren.

Ausnahmen mache ich nur, wenn es extrem regnet oder wenn mal wieder Eisregen oder starker Schnellfall angesagt ist. Das ist hier in Hamburg aber selten. Ja, tatsächlich, wir haben hier zwar oft Regen, Nieselregen oder Sprühregen, aber starken Regen haben wir hier selten.

Anders als viele Radfahrer bin ich kein Saisonradfahrer. Ich fahre das ganze Jahr mit dem Rad zur Arbeit. Die Ausnahmen hatte ich ja bereits genannt.

Morgens durch die Straßen zu fahren, ist wunderbar. Da ich früh mit der Arbeit beginne, fahre ich immer gegen 6:30 Uhr von zu Hause los. Der Berufsverkehr ist da noch sehr reduziert. Auch Schüler und Studenten, die bevorzugt das Fahrrad benutzen, sind nur vereinzelt auf den Straßen zu sehen. Aber ein wenig anstrengend ist es auch schon zu dieser Uhrzeit. Das liegt aber an den gefühlt überwiegend schlechten Radwegen in dieser Stadt und den Autobesitzern, die abends ihre Autos auf den Radwegen abstellen. Solche frühen Fahrer wie ich werden da echt zum innerstädtischen Slalomfahrradweltmeister.

Aber es geht immer noch, im Verhältnis zum Nachmittag oder besser gesagt frühen Abend. Da sind die Straßen voll. Voll von nicht blinkenden Autos, auf dem Fahrradweg parkenden Paketdiensten, wild umherfahrenden Müttern mit ihren Kinderkarren oder -wagen und meinem größten Feindbild, anderen Radfahrern. Ja, liebe Radfahrer, ich mag sie, ironisch gesagt, mag ich sehr viele von ihnen. Ganz besonders die, die auf der falschen Seite fahren. Am besten die Arme vor der Brust verschränkt und die Ohren zugestöpselt. Ich mag auch alle, die permanent auf ihrem Smartphone oder Ähnlichem tippen und dabei dümmlich aus der Wäsche gucken, wenn sie mich entgegenkommen sehen.

Ich bin kein Spießer, ich finde es nur viel einfacher, wenn man sich an so ein paar grundsätzliche Regeln hält als Radfahrer. Alleine schon deshalb, weil meine verletzbare Schutzhülle, oder sollte ich sagen meine Haut, nur wenige Millimeter dick ist. Und darunter ist dann gleich die brüchige Masse, die Knochen und die Weichteile.

Von Januar bis Juni konnte ich das eben beschriebene Schauspiel nahezu täglich mehrfach erleben. Das war aber noch alles nichts im Gegensatz zu dem, was sich in den folgenden Monaten auf meinem Arbeitsweg abspielte.

Kaum wurde es wärmer, kamen sie, die Radfahrer, die sonst bevorzugt das Auto und die öffentlichen Verkehrsmittel benutzen. Frauen und Männer, in der Regel zwischen 35 und 50 Jahren, also meine Altersgruppe. Der Unterschied war nur, dass diese nach acht Monaten aktiver Sofa- und Autoheizungsnutzung kaum noch wussten, wie sie ein Fahrrad zu benutzen hatten. Das fing schon mit dem Aufsteigen an.

Ich ging morgens, Mitte Juli, aus unserer Gartenpforte und wollte gerade auf mein Rad aufsteigen, als ich aus dem Augenwinkel bemerkte, wie eine Dame im genannten Alter seitlich neben mir wegrutschte, als sie ebenfalls auf ihr Rad steigen wollte. Gerade konnte ich in einer noch nie geübten Art und Weise zur Seite hüpfen, ähnlich einem Kaninchen, das Zick-Zack-Sprünge macht. Und da hörte ich sie auch schon schimpfen. Sie lag neben ihrem Rad, um genauer zu sein, das Rad lag halb auf ihrer weißen Leinenhose. Wenn ich diese Hose genauer betrachtete, waren dort einige rote Punkte zu sehen. Blut. Ich wollte ihr gerade helfen, da kam schon ein Mann. Gesehen hatte ich diesen noch nie. Er war groß, schlank und trug bestimmt nur Markenklamotten. Die scheußlich gegelten Haare klebten am Kopf. Sie erinnerten mich an die Puppe meiner Schwester, die hatte dieser auch immer so eigenwillige Haare verpasst. Die blank geputzte Sonnenbrille war bestimmt auch mehr wert als 2,50 Euro. Wozu er sie allerdings trug, war mir nicht klar. Die Sonne schien im Moment überhaupt nicht.

„Liebling, hat dich der junge Mann umgefahren?", sagte er vorwurfsvoll und blickte in meine Richtung.

„Nein, ich glaube nicht", antwortete die Frau, immer noch unter dem Rad liegend.

„Bist du dir sicher? Oder sollen wir besser die Polizei rufen?"

„Ich bin wohl selber hingefallen."

Na das wäre ja wohl auch die Krönung gewesen. Ich bemerkte, wie in mir die Wut hochstieg. Halte dich zurück, ermahnte ich mich innerlich.

„Dein Absatz ist angebrochen, Liebling", erkannte der Mann, als er seiner Frau half, wieder aufzustehen. Erst jetzt bemerkte ich die Absatzhöhe der Frau. Es waren bestimmt zehn Zentimeter. Zehn Zentimeter und eine weiße, weite Leinenhose, genau das war das Outfit, das ich bei meinen Saisonradfahrern so liebte.

Mehr von diesem Elend konnte ich nicht ertragen. Ich fuhr los. Ich erwartete eigentlich noch einen Nachruf von dem Mann. Dieser blieb aber aus.

Auf meiner 14 Kilometer langen Strecke musste ich heute 17-mal parkenden Autos ausweichen, 3-mal wollte mich ein Autofahrer beim Linksabbiegen umfahren. Nur durch mein sehr umsichtiges Fahren waren meiner Frau drei Butterkuchenfeiern entgangen. Eigentlich gäbe es dann ja nur eine

Feier – oder liegt da ein Rechen- und Gedanken-
fehler vor?

Es war die schlimmste Jahreszeit, diese Som-
merzeit. Besonders auf dem Weg nach Hause. Für
mich war mein Rad ein Verkehrsmittel. Ich fuhr
damit vorschriftsmäßig. Auch wenn ich für andere
spießig wirkte. Ich fand das nur normal, sich an
Verkehrsregeln zu halten. Die wurden schließlich
auch von meinem Steuergeld gekauft.

Natürlich saß ich an meinem Arbeitsplatz nicht
in meinem verschwitzten Radfahrer-Outfit. Ich zog
mich jeden Tag zweimal um. Das war mit den Jahren schon zur Gewohnheit geworden für mich.
Ganz wichtig waren mir immer eng anliegende
Hosen und richtig gute und vor allem rutschfeste
Schuhe. Wie oft musste ich in den letzten Jahren
schnell von Rad abspringen, weil vor mir mal wieder ein Ball rollte oder eine Oma mit ihrem
Rollator spontan von rechts nach links wechselte.
Klingeln brachte da nicht viel, das hatte ich im
Laufe der Zeit festgestellt. Außerdem erschrak ich
selbst immer, wenn ein anderer Radfahrer klingelte und so egoistische Autofahrer mal wieder völlig
ohne ersichtlichen Grund hupten. Vorausschauend
fahren, das war mein Motto.

Es war Mitte August. Ich war auf dem Heimweg. Ich hatte den halben Weg hinter mir, da tauchten aus der Seitenstraße plötzlich drei Frauen auf. Wäre ja nicht weiter schlimm, wenn sie nicht auf Rädern gesessen hätten. Dass sie, ohne nach links oder rechts zu schauen, auf die Hauptstraße einbogen, das muss ich hier nicht weiter erwähnen. Ich schätzte, dass diese Damen so Anfang sechzig waren. Nicht ganz schlank, aber auch nicht so richtig dick. Alle drei hatten stark blondierte Haare, die wie Sturzhelme wirkten. Die Haarsprayindustrie machte es möglich. Eine Dame hatte ihre Handtasche quer über der Schulter hängen, die anderen beiden hatte diese im Fahrradkorb verstaut. Kaum hatte ich das alles beobachtet, da passierte es schon. Die eine Blondine kam mit ihrem Rad ins Straucheln. Ein heller Aufschrei, der fast mein Trommelfell platzen ließ, kam aus ihrem Mund. Und da lag sie auch schon auf dem Radweg. Der Trageriemen ihrer Handtasche war nun sehr dekorativ mit ihrem Hinterrad verbunden. Einer ihrer pinkfarbenen Flipflops lag zwei Meter links von ihr, den zweiten trug sie noch.

Und plötzlich krachte es. Die erste Dame hatte sich nach hinten umgedreht, um zu sehen, warum ihre Freundin so geschrien hatte. Leider hatte sie dabei nicht bedacht, dass sie den Lenker durch ihre spontane Wendung mit umdrehen würde. Die zweite Dame wurde von dem Vorderrad der ersten Dame so stark getroffen, dass sie umfiel. Die erste Blondine schrie in dem gleichen Ton wie die dritte Blondine, die langsam versuchte, sich wieder aufzurichten, was ihr aber kaum gelang.

Ich hätte natürlich geholfen, wenn nicht schon ein paar Passanten zur Hilfe gekommen wären. Ein paar Meter vor mir lagen oder befanden sich nun drei Blondinen auf dem Rad- und Fußweg, die so ein wenig Ähnlichkeit mit drei Marienkäfern hatten, die auf dem Rücken lagen.

Die Leute, die in den Cafés saßen und nicht wie verbissen auf ihr Smartphone starrten, hatten dasselbe Kopfschüttelsyndrom wie ich.

Ich fühlte, wie meine Vorurteile gerade wieder bestätigt wurden. In der Ferne hörte ich schon den Rettungswagen kommen. Wahrscheinlich hatte einer der Passanten diesen sofort gerufen. Ich fuhr weiter.

Zu Hause angekommen erzählte ich Katharina diese Geschichte.

„Das wird ja immer schlimmer auf den Straßen. Fahr doch lieber mit Bus und Bahn zur Arbeit. Da brauchst du zumindest nicht auf alle achten", schlug meine Frau vor.

„Wahrscheinlich hast du recht. Aber ich fahr doch so gern mit dem Rad. Morgens ist das ja auch noch einigermaßen in Ordnung. Nachtmittags ist das mittlerweile aber echt ein Problem."

Ich freute mich schon auf den Winter. Das klang ein wenig ungewöhnlich und schräg für die meisten, aber im Winter war ich ziemlich allein als Radfahrer unterwegs. Allerdings lag vor dem Winter noch der Herbst. Und der Herbst, der hatte es in sich.

Im Frühjahr fuhren die Couch-Potatos ihre erste Runde. Im Sommer war das Rad für viele kein Verkehrsmittel, sondern eine Freizeitbeschäftigung, zu der man sich sehr lässig kleiden konnte, und Verkehrsregeln waren nur etwas für extreme Feiglinge.

Im Herbst waren dann die unterwegs, die versuchten, mit ihren durchgeweichten Leinenschuhen und aufgespannten Schirmen die Straße unsicher zu machen. Meistens waren das wieder mal Frauen. Der Regen kam ja immer so plötzlich... Ich gebe zu, dass ich mit solchen ungeeigneten Fahrradschuhen auch nicht sicher fahren könnte. Ich gebe auch zu, dass ich mich niemals mit einem Schirm auf das Rad gesetzt hätte. Da kann man doch überhaupt nicht bremsen. Es gibt so schöne Fahrradbekleidung. Sogar die Discounter verkaufen die und die ist gar nicht teuer.

Katharina war früher auch mal mit dem Schirm auf dem Fahrrad gefahren. Aber seit Tom da ist und selbst fährt, hat Katharina auch wetterfeste Kleidung an und trägt einen Helm.

Wenn ich mit Katharina über meine Erlebnisse spreche, dann findet sie das immer etwas spießig. Wir streiten uns dann immer ein wenig, aber wenn ich als Radfahrer ernst genommen werden will, dann muss ich das auch zeigen. Außerdem habe ich einen Sohn, der von mir und meinem Geld abhängig ist.

Ich hatte heute etwas früher Feierabend gemacht. Kurz vor meinem Haus sah ich von Weitem einen Fahrradfahrer, der mir entgegenkam. Soweit ich das sehen konnte, war das ein Junge, der auch noch freihändig fuhr. Ich verlangsamte mein Tempo und überlegte mir, ob ich ihn ansprechen sollte, wenn er auf meiner Höhe war. Doch was war das? Er bog auf mein Grundstück ab. Das war doch wohl nicht mein Tom? Die letzten fünfzig Meter schaffte ich in Rekordzeit. Ich sah noch, wie Tom sich vor der Haustür den Helm abnahm.

Ich musste noch heute mit Katharina über einen Vaterschaftstest sprechen. Irgendwas konnte da nicht stimmen ...

Der Umzug

Letztens waren Friedrich und ich wieder mal im Garten. Dort verbrachten wir ja ziemlich viel Zeit. Es gab aber auch immer eine Menge zu tun. Wir waren also am Arbeiten, als unser Nachbar, Herr Lochsocken, uns sah und ansprach.

„Schönes Wetter heute", rief er über den Zaun, „da geht die Arbeit besonders gut von der Hand."

„Moin Otto, ja, heute haben wir endlich mal keinen Regen", erwiderte Friedrich.

„Habt ihr das von Hannelore gehört? Die wollte sich umbringen", kam es voller Inbrunst aus Otto herausgeschossen, als wäre diese Nachricht etwas Positives.

„Ja, haben wir", sagte ich kurz, weil ich wusste, dass Otto sonst stundenlang weiterreden würde.

„Das Leben geht eben weiter, auch wenn der Partner stirbt. Das ist so. Und damit muss man eben klarkommen. Ich meine, in diesem Fall muss Hannelore damit klarkommen. Die kann sich doch nicht so einfach umbringen wollen", sagte Otto Lochsocken.

„Otto, wir können gern ein anderes Mal weiter-reden. Wir möchten nur heute noch mit dieser Arbeit fertig werden", antwortete Friedrich bestimmt.

„O. k. verstanden. Ich gehe schon."

Friedrich und ich arbeiteten weiter. Wir sprachen nicht weiter über den missglückten Selbstmord unserer Nachbarin Hannelore.

Mittag ließen wir heute auch ausfallen. Wir hatten uns schon vorher überlegt, dass wir heute mal richtig schönen Kuchen essen wollten. So als Belohnung für die extrem rückenbeanspruchende Gartenarbeit.

Als wir fertig waren, ging ich also schnell zur nahegelegenen Konditorei und kaufte uns unseren Lieblingskuchen.

„Friedrich, ich bin wieder zurück", rief ich lautstark, als ich die Tür aufschloss.

„Schön", kam es aus irgendeiner Ecke unseres Hauses, die ich nicht genau bestimmen konnte, zurück.

Ich ging ins Esszimmer und bemerkte, dass der Tisch tatsächlich gedeckt war. Damit hatte ich nicht gerechnet. Waren Friedrich vielleicht die Ausreden ausgegangen? Er hatte den Tisch mit den Tellern und Tassen aus der Küche gedeckt. Sogar an Servietten hatte Friedrich gedacht.

„Friedrich, ich hatte dich doch gebeten, den Tisch heute mit dem schönen Geschirr zu decken. Wieso hast du denn das Küchengeschirr aufgedeckt?"

„Was meinst du? Ich finde das Geschirr schön."

„Schön? Das alte abgestoßene Geschirr ist doch nicht schön."

„Wir sind doch unter uns. Und außerdem weiß ich gar nicht, wo du das gute Geschirr, ich meine das schöne Geschirr, hast."

„Friedrich, wie lange lebst du schon hier? Wie lange haben wir das gute Geschirr schon? Und wie viele Schränke haben wir, in denen Geschirr sein könnte?"

Ich merkte, dass dieses zu viele Sätze beziehungsweise Fragen für Friedrich waren. Friedrich schaute mich mit offenem Mund an. Er war völlig regungs- und sprachlos. Wahrscheinlich hatte er nicht mit so einer Reaktion von mir gerechnet. Vielleicht war mein Verhalten auch ein wenig ungerecht. Er hatte ja den Tisch gedeckt. Und Friedrich gehörte wahrscheinlich zu den Männern, die wenig Interesse an schönem Geschirr, Besteck und so weiter hatten.

„Komm mal her, Friedrich. Sofort."

Friedrich kam zu mir ins Esszimmer.

„Liebling, schau dir mal diesen Schrank an. Was meinst du, was da drin sein könnte?"

„Vielleicht Geschirr?"

„Genau, Geschirr. Wollen wir den Schrank mal zusammen öffnen?"

„Erika, jetzt wirst du aber albern. Ich kann den Schrank doch auch alleine öffnen."

„Aha, das habe ich gemerkt."

„Ich habe verstanden, was du mir sagen willst."

„Du hast gar nichts verstanden. Weiß du denn, wie ich beerdigt werden möchte?"

Friedrich schaute mich entsetzt an. Ich glaubte, dass dieser Themenwechsel zu krass für meinen Mann war.

Wir tranken unseren Kaffee und aßen den köstlich duftenden und schmeckenden Kuchen. Friedrich sprach kein Wort. Wahrscheinlich hatte ich ihn so schockiert mit meiner Frage nach der Beerdigung.

Abends saßen wir auf dem Sofa. Friedrich schaute mich an. Irgendwie anders als sonst.

„Du Erika", sagte er zaghaft mit fragendem Ton, „wie hast du das vorhin gemeint, dass ich nicht weiß, wie du beerdigt werden willst?"

„Genauso, wie ich es gesagt habe. Wir sollten dringend mal darüber sprechen. Und wir sollten unsere Kinder dazuholen. Die müssen ja schließlich auch wissen, was mit uns nach unserem Ableben passieren soll."

„Erika, du machst mir Angst. Aber wahrscheinlich hast du recht. Wir müssen mal darüber sprechen."

„Das Leben geht nämlich nicht immer einfach weiter, wenn ein Partner stirbt. Wenn nichts geregelt ist, muss der Hinterbliebene alles allein entscheiden. Und das in seiner tiefsten Trauer. Dazu kommt dann häufig noch der Streit mit den Kindern über das Finanzielle und die unterschiedlichen Ansichten. Na ja, du weiß schon, der Rattenschwanz ist lang."

„Ganz zu schweigen von der finanziellen Seite. Ich meine die zukünftige Rente. Da reicht das Geld häufig nur noch für das Notwendigste."

„Genau. Miete und die vielen anderen Ausgaben werden ja nicht automatisch weniger, die bleien alle gleich."

„Friedrich, schau dich doch mal an. Du findest nicht mal das Geschirr im Schrank. Wie soll denn jemand, der gerade einen geliebten Menschen verloren hat, wissen, wo alle Unterlagen und so zu finden sind."

„Das ist ja wirklich ein riesen Rattenschwanz, wenn man mal genauer darüber nachdenkt."

Ein paar Tage später trafen wir wieder unseren Nachbarn Otto. Er erzählte wieder, dass es unserer Nachbarin immer noch nicht besser ginge und dass sie sich doch nicht so anstellen sollte. Nach so vielen Ehejahren wäre doch eh nicht mehr alles rosarot. Er hatte zu unserer Nachbarin auch noch gesagt, dass wir alle irgendwann mal sterben müssten. Das wäre eben so. Da müsste sie durch. Und genau da rastete mein Friedrich aus, in einer Art und Weise, die ich bisher noch nicht von ihm kannte.

„Otto, weißt du eigentlich, was du da sagst? Und zu wem du das sagst? Hannelore hat ihren Mann verloren. Ihr ganzes Leben hat sich von einer auf die andere Sekunde verändert. Kein gemeinsames Frühstück, Mittag und Abendbrot mehr. Kein Geräusch mehr im Haus. Ein Garten, der viel zu groß ist für sie, und ein Auto, das sie nicht fahren kann."

„Ja, aber ..."

„Nichts aber. Natürlich könnte sie das Auto verkaufen. Vorher müsste sie es aber ausräumen."

„Ja, aber dabei ..."

„Selbstverständlich könnten ihr dabei ihre Kinder helfen. Aber auch hier muss sie Abschied nehmen von ganz vielen Erinnerungen. Von schönen Reisen mit dem Auto."

„Die soll sich doch nicht so anst..."

„Hannelore stellt sich nicht an. Sie ist traurig und total überfordert von der Situation. Und dann kommst du daher und lässt noch so unüberlegte Sprüche los. Das baut sie nun auch nicht gerade auf."

„Ich wollte ihr doch nur sagen, dass wir alle irgendwann mal ..."

„Ja, das wissen wir alle. Aber Hannelore braucht jetzt jemanden, der ihr zuhört. Ohne dumme und nutzlose Kommentare abzugeben. Otto, einfach nur zuhören. Verstehst du mich?"

„Ja, ist schon gut."

„Wie sieht es denn bei dir aus, hast du alles geregelt, wenn du nicht mehr bist?"

„Wieso, das können doch meine Kinder machen. Die erben doch sowieso alles."

„Du scheinst es wirklich nicht zu verstehen. Du musst doch regeln, wie und wo du beerdigt werden willst. Woher sollen das deine Kinder wissen? Da machst du dir das verdammt einfach."

„Habt ihr denn alles geregelt?"

„Um uns geht das hier nicht. Du musst jetzt aktiv werden, Otto. Also verfasse ein Testament, eine Patientenverfügung, eine Betreuungsverfügung und eine Vorsorgevollmacht. Ach ja, hat jemand Kontovollmacht für dein Bankkonto?"

„Was sind das alles für Begriffe? Außer dem Testament kenne ich die anderen nicht."

„Na, dann informiere dich mal schnellstens im Internet und rede mit deinen Kindern über deine Zukunft."

Ich war sprachlos über die Rede von meinem Friedrich. Woher wusste der das alles? Wir hatten das Thema auch noch nicht mit Linda und Christian besprochen. Das wollten wir erst in den nächsten Wochen machen.

Nachdem Otto wieder in Richtung seiner Haustür gegangen war, kam Friedrich auf mich zu. Sein Kopf war knallrot und sah aus, als ob er jeden Moment auseinanderspringen würde.

„Friedrich, du hast ja einen richtig roten Kopf. Du warst ja auch so in Fahrt. Ich wusste gar nicht, dass du so ein selbstbewusster Redenschwinger bist. Damit hast du mich echt überrascht."

„Echt?"

„Ja, echt. Woher weiß du das alles mit diesen ganzen Vollmachten? Wir haben doch noch nicht darüber gesprochen?"

„Das stand doch gerade in der Zeitung. Und das war mal nicht so langweilig erklärt wie sonst, sondern mit Beispielen und so. Ich habe das Blatt gleich zur Seite gelegt. Ja, und heute Abend machen wir uns die Arbeit, all diese neuen Erkenntnisse in Formulare zu bringen, damit unsere Erben auch Zeit haben, ihr Erbe zu verprassen, und sich nicht mit unserer unvollendeten Endzeit-Planung beschäftigen müssen. O. k., und am Wochenende besuchen wir dann unseren zukünftigen Wohnort."

„Was? Du planst einen Umzug?"

„Ja, irgendwann auf den Hauptfriedhof, und da möchte ich es nett haben. Daher sollten wir schon den Platz aussuchen und einen Grabstein mit unseren Namen und Geburtsdaten erstellen lassen. Das Datum des Umzugs können wir dann noch offenlassen."

„Friedrich!"

Drei Wochen später kamen Linda und Christian mit ihren Familien zu Besuch.

„Mama und ich haben uns überlegt, dass dieses Haus irgendwann nicht mehr von uns bewirtschaftet werden kann. Der Garten ist auch viel zu groß. Und deshalb haben wir uns nach einer neuen Unterkunft umgesehen, mit einem viel kleineren Grundstück", sagte Friedrich mit einem ernsten Gesichtsausdruck.

„Aber wir helfen euch doch, wenn es nicht mehr geht", sagte Linda und bekam dabei feuchte Augen.

„Ja, das ist lieb von euch. Aber wir haben bereits den Vertrag für die neue Unterkunft unterschrieben", erklärte ich und wusste nicht, ob ich lachen oder weinen sollte. So ein wenig leid taten mir die Kinder schon.

„Wo wollt ihr denn hinziehen?", fragte Björn.

Friedrich holte die Unterlagen aus dem Schrank und legte diese auf den Tisch.

„Schaut mal, das ist die Kapelle und das ist unsere Grabstätte. Für den Namen haben wir uns diese Schrift ausgesucht. So ein wenig modern sollte so ein Stein doch schon sein – oder was meint ihr?"

Unsere Kinder und Schwiegerkinder schauten sich an. Keiner sagte ein Wort.

„Aber den Butterkuchen haben wir noch nicht bestellt", sagte Friedrich.

Ich verteilte Taschentücher.

Plötzlich kam Lina ins Zimmer gerannt, sprang ihrem Opa auf den Schoß und umarmte ihn. Ich hoffte, dass unser Leben noch lange hier so weiterginge.

Herrliche Einkaufserlebnisse

Gastautorin: Inga, Friedrichs Patentochter. Sie ist natürlich schon erwachsen und unterrichtet in Teilzeit an einer Berufsschule. Ihr Mann Florian ist als Angestellter in einem Exportunternehmen tätig.

Was summst du denn da?", fragte ich meinen Mann Florian, als er vom Badezimmer in die Küche kam.

„Das ist doch eine *wonderful world* heute, oder? Ich habe frei und das Wetter ist genial", sagte er, immer noch leicht summend, „und das Schönste ist, dass wir den Tag zusammen verbringen können."

Beim Frühstück saß er mir strahlend und so was von gut gelaunt gegenüber, dass er mir fast unheimlich war. Wir hatten den heutigen Tag fast nicht verplant. Ich hatte Florian nur gestern gefragt, ob er mit mir heute zum Einkaufen käme, und er hatte begeistert Ja gesagt. Sehr gut, dachte ich, dann kann ich ihn zum Tragen einspannen. Nach dem Frühstück fuhren wir los. Dass das nicht nur beim Tragen bleiben würde, hätte ich ahnen müssen.

„Warum schleichen die denn alle so? Es ist doch gar kein Glatteis", fragte Florian.

„Weil da vorne ein Müllwagen fährt", erklärte ich.

„Ich sehe nichts."

„Ich auch nicht, aber der fährt jeden Freitag um diese Zeit auf dieser Straßenseite."

„Ja, das weiß ich doch nicht."

„Und genau für diese internen und geheimen Infos hast du ja mich."

Als wir in der Straße kurz vor dem Supermarkt waren, mussten wir links abbiegen.

„Warum biegen die denn nicht ab?", fragte Florian leicht gereizt.

„Florian, du bist anstrengend und nervtötend. Die fahren nicht, weil da Fußgänger über die Straße gehen. Und wie du siehst, geht dort eine ältere Frau mit ihrem Rollator."

„Ja, da hast du recht. Aber dahinter geht auch so ein junger Mann, der nur auf sein Smartphone starrt und dabei vergisst, die Beine zu bewegen."

In diesem Punkt musste ich meinem Mann allerdings recht geben. Ich sah oft Smartphone-

Süchtige, die sogar mitten auf der Straße stehen blieben, um etwas zu lesen oder zu schreiben. Hupen brächte da wahrscheinlich auch nichts, denn die Ohren waren ja meistens auch schon mit Stöpseln belegt.

Endlich erreichten wir den Parkplatz vom Supermarkt. Von einem Parkplatz für unser Auto waren wir aber noch weit entfernt. Vor uns standen drei Fahrzeuge. Auf den ersten Blick konnten wir nicht erkennen, ob die warteten oder so quer parkten.

„Das glaube ich nicht, die warten tatsächlich so lange im Auto, bis ganz nah vor dem Eingang ein Parkplatz frei wird, anstatt mal zehn Meter zu gehen", bemerkte mein Mann ungläubig. „Dass viele Deutsche Bewegungsmuffel sind, das hat doch gerade eine Studie gezeigt. Aber dass das so extrem ausgeprägt ist, das ist doch erschreckend."

Und tatsächlich, die Autos bewegten sich keinen Meter vorwärts. Ich gab Gas und fuhr an den drei Fahrzeugen vorbei. Natürlich schauten wir in die Fahrzeuge und was wir sahen, überraschte uns. Es waren keine älteren Personen, die vielleicht nicht mehr so weit laufen konnten, nein, es waren drei junge Frauen. Mehr konnten wir so schnell nicht erkennen. Wir suchten uns einen Parkplatz. Möglichst ganz hinten, da war man sicherer vor schlecht einparkenden Personen. Zu dem Zeitpunkt wussten wir noch nicht, was wir später noch beobachten durften.

Wir gingen über den Parkplatz zum Eingang. Da sahen wir, wie die drei Frauen aus den beschriebenen Autos gerade einen Parkplatz gefunden hatten. Wie vermutet ganz vorn. Florian holte einen Einkaufswagen und ab ging es in den Laden. Das Kundenradio hatte uns nicht vor dem Stau im Eingangsbereich gewarnt, oder hatten wir es nicht gehört? Egal, nur durch Florians ungewohnt schnelles Reagieren blieb das spontane Bremsmanöver des Vordermannes ohne weitere Folgen.

Endlich hatten wir den Stau hinter uns gelassen. Wir waren im Supermarkt. Meinen Einkaufszettel hatte ich in der Hand. Ich hatte mir überlegt, dass ich Florian jetzt am besten frei laufen ließe. Das wäre für meine Nerven besser, als wenn er ständig neben mir stünde.

„Liebling, ich schau hier noch kurz bei dem Gemüse. Geh' ruhig schon mal gucken", sagte ich und hoffte, für ein paar Minuten mal in Ruhe beim Gemüse und Obst schauen zu können.

„Du Inga, die haben hier die leckeren Kekse im Angebot. Weiß du, die Tüte, die du letzte Woche so schief aufgerissen hast und die dann alle auf den Teppich gefallen sind", tönte in meinem linken Ohr die Stimme meines Mannes, als ich gerade gebeugt über den Auberginen stand, „wollen wir da noch welche von mitnehmen?"

„Was?", schrie ich so überraschend laut, dass ich selbst erschrak, Florian zusammenzuckte und die anderen Kunden uns anschauten.

„Die Kekse, die mit Dinkel und Schokolade, die du so gern magst, die sind im Angebot", fügte Florian seiner ersten Aussage hinzu.

„Ja, dann nimm doch welche mit", sagte ich, aber diesmal in einem wesentlich leiseren Ton.

Ich hoffte, mit dieser Anweisung wieder ein wenig Freiraum zu bekommen. Und ich hatte Glück. Ich schaffte es bis zum Käsetresen ohne Zwischenfälle. Upps, was war das für einen lange Schlange. Ich stellte mich an. Es waren vier Kunden vor mir. Auf dem Tresen stand ein Teller mit Käsewürfeln zum Probieren. Ein älterer Mann kam hustend auf den Käsetresen zu, hielt zwischen den Kunden eins und zwei an, griff zwischen den beiden durch und nahm sich ein Stück Käse, dann ging er weiter.

„Inga, pass bloß auf, dass der alte Mann dich nicht ansteckt mit seiner Erkältung", sagte mein Mann, der plötzlich neben mir stand.

„Wo kommst du denn jetzt her?", fragte ich und merkte sofort, dass sich die Frage nach einem Vorwurf anhörte.

„Ich war gerade in diesem Gang und da habe ich dich gesehen. Sag' mal, ist die Schlange hier immer so lang? Schau mal, die da vorne kauft aber viel ein. Ich gehe mich noch ein wenig umschauen."

„Mach das und lass dir Zeit."

Ich schaute meinen Mann hinterher und sah, wie der ältere Mann wieder auf den Käsetresen zuging. Er hustete und nieste. Ich dachte an Florians Rat und drehte mich zur anderen Seite.

„Was ist das", schrie die Kundin vor mir. Ich drehte mich um und sah wieder den älteren Mann, der mit seinem Arm zum Käseteller greifen wollte. Dabei war er scheinbar mit dem Siegelring an seiner Hand in die Hochsteckfrisur dieser Kundin geraten. Der ältere Mann reagierte nicht. Er griff, nachdem er sich aus den Frauenhaaren gelöst hatte, wieder beim Käse zu. Die Frau schüttelte ihren Kopf, richtete ihr Haar und merkte, dass eine Diskussion mit dem älteren Mann keine Aussicht auf Erfolg oder eine Entschuldigung hätte. Die Verkäuferin schüttelte den Kopf. Wir schüttelten unsere Köpfe.

„Vielleicht hat er kein Geld, um Käse zu kaufen", sagte ich und dachte an die älteren Mitbürger, deren Rente nicht mehr reicht, um sich mal das eine oder andere Stück zu leisten oder um einfach nur satt zu werden.

„Liebling, schau mal, das ist der Wein, den wir mal im Urlaub getrunken haben. Wollen wir davon ein paar Flaschen kaufen?", fragte Florian gerade in dem Moment, in dem ich mich bei der Käseverkäuferin für die nette Beratung bedanken wollte.

„Gleich, Florian", sagte ich zum ihm wie zu einem kleinen Kind, „ich schau mir gleich den Wein an."

„Seien Sie bloß froh, dass Ihr Mann so interessiert ist, meinem reichen Bier und Pizza", sagte die Verkäufern lächelnd.

„Bin ich auch. Tschüss und einen schönen Tag."

„Den Käse sollten Sie aber lieber vom Tresen nehmen, der ist bestimmt schon voller Viren", rief Florian der Bedienung vom Käsestand freundlich zu.

Sie lächelte. Mir war diese Aktion sehr peinlich. Obwohl Florian natürlich recht hatte. Wie oft sah ich Käse- oder Brotwürfel, die ungeschützt in Nasen- und Mundhöhe auf dem Tresen standen. So richtig hygienisch war das wahrscheinlich nicht. Auch wenn zukünftig der Vierfachwirkstoff bei der Grippeimpfung gespritzt würde.

Jetzt schaute ich mir den Wein an, den Florian gefunden hatte. Es war tatsächlich der aus dem letzten Urlaub. Mein Mann, der ungefähr dreimal im Jahr mit mir in ein Lebensmittelgeschäft ging, fand diesen Wein. Ich bewunderte ihn dafür. Wir legten ein paar Flaschen in den Einkaufswagen. Florian war sichtlich stolz. Da kam wohl der männliche Jagdtrieb durch.

„Inga, schau mal, die haben die Margarine eingeschlossen", sagte mein Mann entgeistert. Ich verstand diesen Satz überhaupt nicht.

„Eingeschlossen, wieso ist die Margarine eingeschlossen?", fragte ich.

„Na, guck' doch mal, da sind alles Türen vor den Regalen."

„Florian, die Türen kann man öffnen. Das dient nur der Kühlung der Produkte", erklärte ich ihm, „übrigens, die gibt es hier schon ein paar Jahre."

„Wirklich?", fragte er unschuldig und sah mich dabei mit seinen großen grünen Augen an.

„Aber Inga, wie soll ich denn die Tür öffnen, wenn da immer Leute davorstehen und ihren Einkaufswagen festhalten. Ich komme da doch praktisch nicht ran", sagte Florian mit seiner kräftigen Stimme. Eine Frau schaute sich verlegen um, fuhr ihren Einkaufswagen zur Seite und lächelte Florian an.

„Das ist ja nett von Ihnen", sagte mein Mann, „den Einkaufswagen klaut Ihnen bestimmt keiner, die Ware ist ja eh nicht bezahlt, aber nehmen Sie lieber Ihre Handtasche aus dem Kindersitz." Die Frau errötete und wusste nicht, was sie sagen sollte. Ich wusste aber genau, was ich jetzt wollte, am liebsten im Erdboden versinken.

Wir hatten alles eingekauft und stellten uns an der Kasse an. Vor uns standen bereits sechs oder sieben Kunden. An der anderen Kasse waren es ähnlich viele. Ich drehte mich um und sah, dass hinter uns auch schon wieder drei Kunden in der Schlange anstanden.

„Kommen Sie auch bitte an Kasse eins", sagte eine Angestellte, als sie an diese Kasse ging.

Gerade wollte der Kunde vor uns und wir an die neu eröffnete Kasse, da sahen wir, wie die mittlerweile vier Kunden hinter uns an diese Kasse stürmten. Wir und der Kunde vor uns schauten uns an.

„Früher war das nicht so", sagte der Kunde vor uns, „da ließ man den Kunden, die schon länger warteten, den Vortritt."

„Tja", sagte Florian, „früher."

Wir legten unsere Einkäufe auf das sehr lange Laufband.

„Das macht 13,67 Euro", sagte die Kassiererin zu der Kundin, die jetzt an der Reihe war. Die Frau fing an, in ihrer Tasche zu suchen, wahrscheinlich nach ihrem Portemonnaie. Sie stellte ihre Tasche auf den Packtisch.

„Einen kleinen Moment", sagte die Kundin, „ich habe es gleich."

„Wenn das noch länger dauert, dann würde ich mich gern hinsetzen", sagte der ältere Kunde, der vor uns stand, „wo sind denn hier die Stühle?"

„Ich hab's gleich", sagte die Kundin.

„Suchen Sie mal in Ruhe ihr Geld", sagte die Kassiererin in ruhigen Worten, „ich lege die drei Teile hier hin und kassiere erst mal weiter."

Der ältere Kunde vor uns grinste uns an.

„Sie haben genau meinen Humor", sagte Florian ganz leise zu ihm. Die beiden waren ab sofort so etwas wie Verbündete.

Als wir bezahlt hatten, war die Kundin immer noch am Suchen.

„Du Inga, soll ich uns noch ein Stück Kuchen für heute Nachmittag kaufen?", fragte mich Florian, als wir schon auf dem Weg zum Auto waren.

„Das ist eine sehr gute Idee", antwortete ich. Solche Ideen hatte Florian meistens nur, wenn es ihm richtig gut ging und er keinen Stress hatte.

„Ich geh' dann noch schnell zum Bäcker."

Ich verlud in der Zwischenzeit die Einkäufe im Auto. Florian war nicht zu sehen. Ich setzte mich ins Auto und beobachtete die anderen Kunden. Nach ungefähr fünfzehn Minuten kam mein Mann.

„Das dauerte aber lange", bemerkte ich.

„Du, das war so. Ich musste mich in eine Schlange von mindestens dreizehn Schülern anstellen. Nachdem fünf Schüler bezahlt hatten, habe ich die gefragt, warum die alle nur Franzbrötchen, überbackene Käsebrötchen und Kuchen kaufen und ob die das jeden Tag machen."

„Das hast du nicht wirklich gefragt?"

„Doch, habe ich. Mir ist aufgefallen, dass die im Schnitt 1,50 Euro bezahlen. Das macht pro Wochen 7,50 Euro, was wiederum zu 30 Euro im Monat führt. Und ich habe ihnen erklärt, dass Zucker nur einen kurzen Kick gibt und danach der Hunger wiederkommt und das Leistungsvermögen sinkt. Das haben wir bei der letzten Schulung in der Firma gelernt."

„Und was haben die gesagt?"

„Nichts. Die haben mich so komisch angeguckt."

„Florian!"

Wir setzten uns ins Auto. Zurück wollte Florian fahren. Er wollte gerade den Motor starten, da sahen wir einen weißen SUV auf uns zukommen. In dem Auto saß ein Mann. Er parkte fast neben uns ein. Wir sahen, wie er ausstieg und sein Auto ansah. Dann stieg er wieder ein, fuhr erst ein Stück zurück, um dann zwischen den Markierungen vorwärts einzuparken. Wir saßen beide mit offenen Mündern im Auto.

„Pass mal auf, Inga, der steigt bestimmt noch einmal aus", sagte Florian. Und so war das auch. Er stieg aus, schaute wieder sein Auto an. Stieg wieder ein und wiederholte das Fahrmanöver von Neuem. Beim dritten Versuch stand er endlich zwischen den zwei Markierungsstreifen. Er stieg aus, ging zum Kofferraum, der sich natürlich mit der Fernbedienung öffnen ließ, die er in der Hand hielt. Er schaute sie an. Wir schauten ihn an und sahen, dass er auch damit komplett überfordert war.

„Mir wird angst und bange, wenn ich das sehe. Lass uns bloß losfahren."

Wir fuhren nach Hause. Florian saß wohlig grinsend im Auto.

„Du Inga, mein Chef hat mich doch gefragt, ob ich in dem Projekt ‚Onlineausbau' mitmachen will. Ich werde absagen. Das wahre Leben findet hier statt und das hat mir tierisch Spaß gemacht, dieser Einkauf. Ich weiß gar nicht, was du immer hast, wenn du sagst, dass dich das Einkaufen nervt. Ich nehme mir nächste Woche Freitag gleich wieder frei", sagte Florian und summte wieder was von der *wonderful world*.

Fertig geträumt

Friedrich und ich waren letztens bei einem Vortrag über die Natur in unserer Gegend. Es wurde dort über den Naturschutz, über die dort lebenden Tiere und die Besucher, die am Wochenende in diese Landschaftsschutzgebiete kommen, gesprochen.

Ich war so fasziniert und gleichzeitig schockiert, dass es teilweise wirklich bedrohlich aussah mit unserer nahen Umwelt. Der Revierförster hatte sein Wissen und Anliegen so leidenschaftlich und mit wirklich großem Talent den Zuhörern vermittelt. Wir fühlten uns richtig reinversetzt in die aktuelle Situation der Natur, der Umwelt und der Tiere. Ich scheinbar noch viel mehr als Friedrich. Wie sonst ist das Folgende zu erklären …

Ich bin Räddi, der Rothirsch. Ich bin glücklich verliebt in meine Lisbeth, meine Traumkuh. Wir lieben uns. Wir genießen unsere gemeinsamen Spazierläufe durch das Naturschutzgebiet. Montags ist es besonders schön. Da haben wir immer ordentlich was zu gucken. Dienstags bis freitags haben wir zwei richtig viel Zweisamkeit. Wir lieben diese Ruhe. Ja, das eine oder andere Viech nervt ab und zu. Ich mach dann einfach meine Klappe auf, und schwupps fallen die Vögel von den Bäumen. Die haben aber auch so gar kein Rückgrat!

Und plötzlich ist wieder Samstag. Die Ersten sind schon ganz früh da, diese Zweibeiner. Ganz ruhig sind sie. Sie glauben das zumindest. Sie sehen alle gleich aus. Bequeme Hose. Beige Jacke mit vielen Taschen. Die meisten haben so eine Tasche auf dem Rücken. Sieht aus wie ein Känguru, nur andersherum.

Es ist vierzehn Uhr. Siebenunddreißig Kinder in buntem Kinderzeug laufen auf Lisbeth und mich zu. Dreiundsechzig Erwachsene rufen nach Justin und Hinrich, schreien nach Chantal und Annalena. Fast alle großen Zweibeiner haben was in der Hand. Scheint aber nichts zum Essen zu sein. Es ist eher was zum „Blödgucken". Meistens ist es schwarz und dünn. Manchmal schreien diese Spielzeuge.

Lisbeth sagt noch zu mir, dass ich ans andere Ende gehen sollte, da sind sie auch schon da, die Radfahrer. Ich schätze mal so zweiundzwanzig Zweibeiner auf Drahtgestellen. Die Hälfte von ihnen macht so komische Geräusche. Die andere Hälfte fuchtelt mit den Armen. Lisbeth sagt zu mir, dass man das Klingeln nennt. Und dass die Menschen klingeln, weil die anderen vor ihnen gehen und für sie nichts wichtiger ist, als die aus dem Weg zu schubsen. Lisbeth glaubt, dass die Radfahrer keine Zeit haben. Warum das so ist, das weiß Lisbeth auch nicht. Die Zweibeiner auf den Drahtgestellen scheinen doch irgendwie wie wir Hirsche zu sein. Der Stärkere gewinnt.

Ich schaue noch so nach den Kindern, da höre ich von der anderen Seite Stimmen. Ich drehe mich ein wenig um und sehe Menschen. Menschen mit schwarzem dünnem Spielzeug in den Händen. Ich drehe meinen Kopf wieder zurück, atme einmal tief ein und lass dann los. Na, das werden richtig schöne Bilder in deren Spielzeug. Dann scharre ich noch ein wenig mit meinen Hinterbeinen.

Gegen achtzehn Uhr ist der Spuk vorbei. Aber am Sonntag, da wird es meist noch schlimmer. Da haben die Einkaufszentren geschlossen. Die Zwei-beiner kommen dann mit ihrem Coffee to go direkt von der Tankstelle zu Lisbeth und mir. Dann rennen diese geklonten Zweibeiner wieder zu uns und sagen, dass wir so süß sind. Ich bin immer wütend über diese Aussage. Mein Job ist hier, ein wenig den Showmaster für die Großstädter zu machen. Ein wenig heile Welt am Wochenende. Aber „so süß" will ich nicht sein. Ich bin doch ein stattlicher Ehe-Hirsch.

Ja, und jetzt zu Montag, da haben wir ja viel zu gucken. Jeden Montag kommen diese Männer mit den knalligen Jacken an. Lisbeths und meine Augen mögen diese Farbe nicht. Und diese Leuchtfiguren sammeln über Stunden den Müll ein. Den Müll vom Wochenende. Lollypapier und Plastikbecher, manchmal auch Pappbecher und Zigarettenkippen. Lisbeth hat mich mal gefragt, ob das Störche wären, weil die so rumpickten. Manchmal ist das aber auch eine dumme Kuh.

Ich finde Naturschutz schon eine gute Sache, nur müsste man die Natur vor den Plastikbechertrinkern, Drahtgestellrasern und Spielzeugbesitzern schützen. Lisbeth hat mir mal vorgeschlagen, dass doch einfach Sonntag die Einkaufszentren geöffnet werden sollten. Dort könnten die doch einfach ausgestopfte Tiere ausstellen. Lisbeth sagt, dass sie von einem Cousin zweiten Grades weiß, der schon mal ausgestellt wurde. Ich glaube, sie sagte, das wäre in Hannover.

Aber ich bin ja auch ein sozialer Rothirsch. Für die ganzen Arbeitslosen will ich nicht verantwortlich sein. Ich meine, die ganzen Männer in den knalligen Jacken, wenn die nicht mehr montags picken müssen, was hätten die dann zu tun? Ich muss darüber noch mal mit Lisbeth reden …

„Süße, ist alles in Ordnung bei dir?", fragte Friedrich mit ganz sanfter Stimme und strich mir dabei über den Kopf.

„Ich bin ja ganz nassgeschwitzt", antwortete ich, als ich mir in den Nacken fasste und dabei langsam die Augen öffnete.

„Was hast du denn geträumt? Du hast dich so komisch bewegt und immer *ready* gerufen. Was ist denn fertig? Geht es dir so schlecht? Ich habe schon nachgeschaut, auf dem Herd steht nichts, was fertig sein könnte."

„Es war fürchterlich. Alle haben mich angegafft."

„Wo hat wer dich angegafft?"

„Auf der Weide. Ich habe geträumt, ich bin ein Hirsch und werde von den Großstädtern angegafft."

„Ach, Erika, dich hat der Vortrag wirklich sehr mitgenommen. Aber vielleicht hast du recht. Irgendwann schauen sich die Städter wahrscheinlich noch Fliegen und Mücken bei ihrem Wochenendausflug an, weil sie ihre ganzen Städte mit Häusern zubetoniert haben."

„Und irgendein Politiker ist dann wieder mächtig stolz, dass der Wohnraum verdichtet wurde."

„Ja, so manch einer denkt vielleicht, dass eine Betonwüste etwas Natürliches wäre."

„Ich geh' mich mal etwas frisch machen. Wie spät ist es eigentlich, Liebling?"

„Es ist fünf vor zwölf, Erika."

Dank

Mein Dank gilt allen, die mir halfen, dieses Buch zu verfassen.

Mein Dank gilt meiner Lektorin Ursula Wenke, die mich mit ihrer großen Erfahrung unterstützte.

Mein Dank gilt dem Verlag tredition, der es mir ermöglichte, professionell und unkompliziert dieses Buch zu veröffentlichen.

Mein Dank gilt besonders meinem lieben Mann, der mich auch beim Schreiben dieses Buches wunderbar unterstützte.

Mein Dank gilt auch meinem Computer, der seine Probleme zu anderen Zeiten hatte. Meistens zumindest.

Mein ganz besonderer Dank gilt vier ganz lieben Menschen, die mich immer aus der Ferne beschützten und auch weiterhin beschützen werden.

Ihr seid immer bei mir!

Zeitfracht Medien GmbH
Ferdinand-Jühlke-Straße 7
99095 Erfurt, Deutschland
produktsicherheit@kolibri360.de